社会人として
大切なことはすべて
リッツ・カールトン
で学んだ

THE RITZ-CARLTON

清水 健一郎 *Kenichiro Shimizu*

彩図社

はじめに

私は1997年、リッツ・カールトン日本第1号店である、リッツ・カールトン大阪に開業スタッフとして新卒で入社しました。

「リッツ・カールトン」といえば、感動的なサービスと、それを生み出す従業員の高いホスピタリティで有名なホテルです。

たとえば「NOを使わないサービス」。

リッツ・カールトンではお客様に対して「NO」を使いません。はじめてその話を聞いた時、新入社員だった私は、そんなことは不可能だろうと思いました。

しかし、リッツで働いてみると、本当に「NOを使わないサービス」が行われているのです。しかも、物理的に無理だと思われることに対してまで。具体的な方法は本文で記しますが、一見不可能に感じるようなことでも、感動的なサービスに変えてしまう方法を、私はリッツで学びました。

また、リッツで学ぶことができたのは、「一流のサービス」だけではありません。

モチベーションを上げる環境の作り方、仕事が楽しくなる方法、様々な困難を乗り越えるための術《すべ》など、「社会人として生活していく上で欠かせないこと」を学ばせていただきました。

そして、リッツ・カールトンで学んだことは、リッツを退職した今でも、あらゆる場面で私の行動基準となっています。

しかし、リッツのサービスや仕事の進め方に対し、
「リッツだからこそ、そんなサービスができるんだ」
「知名度や人材、金銭的な余裕のある大企業だからできるやり方だ」
と思われている方もいらっしゃることでしょう。

私は、現在、滋賀県彦根市で20席の小規模な飲食店を営み、そこでリッツで学んだことを実践しています。本書は、そんな私の目線から、リッツで行われていたことの中でも、中小企業の方や個人の方でも実践、応用しやすいことをよりすぐってまとめたものです。

ですから、前述のような疑問をおもちの方にも有用な書籍になっていると思います。

自分自身を向上させたいと思っている方の答えを導きだすためのヒントになれば、
そして後輩、部下の指導にお悩みの方のお役に立てば、嬉しく思います。

清水 健一郎

CONTENT

社会人として大切なことはすべてリッツ・カールトンで学んだ

はじめに……2

第1章
リッツ・カールトンで学んだ「仕事をする上で大切なこと」 15

1 「NO」を使わない……16
〝「NO」を使わないからこそ、リッツ・カールトンはリッツ・カールトンであり、最高のサービスを提供するホテルとして存在している〟

2 相手が本当に求めているものを見抜く……23
〝リッツ・カールトンの魔法のようなサービス「リッツミスティーク」が生まれる秘訣〟

3 目的を明確にし、
自分の本当の役割を遂行する …… 32
〝サービスのプロは、
「おもてなし」と「サービス」を
臨機応変に使い分ける必要がある〟

4 お客様と楽しみを共有する …… 40
〝より良いホスピタリティの提供、
より良いサービス人生の実現のためには、
時には「お客様に手伝っていただく」
という常識はずれに挑むことも必要〟

5 セールスの3つの柱を大切にする …… 47
〝セールスの最も基本にあるもの〟

第2章

クレドを通して見つけた「自分の〝芯〟をもつということ」

2 クレドをもつ意味 ……… 78
〝社会人、ホテルマンとしての「背骨」をもつ〟

3 クレドを元に行動するための仕組み ……… 83
〝クレドカードから質問をもらい、
明確な答えをもらい、
実践する原動力をもらう〟

4 前向きな発言を心がける ……… 92
〝否定文を口に出さない職場環境と人生が、
素晴らしいサービスを生む〟

5 アイデンティティーを定め、
自ら成長していく ……… 97
〝紳士淑女を育てるために妥協しないリッツの姿〟

第3章

リッツ・カールトンで経験した「モチベーションを高める環境作り」 119

〝面接で引き出されてしまう
個人のポジティブキャラクター〟

3 同僚もお客様として扱う……135
〝喜びと感謝の好循環が
心のこもったサービスを生み出す〟

4 「大切にされている」と実感してもらう……141
〝辛い時、大変な時、
その気持ちを察して、フォローしてくれた相手のために、
「頑張ろう」と思わない者はいない〟

5 垣根を取り払う……148
〝感謝の気持ちを伝え、交流を生み出す
「ファーストクラスカード」〟

第4章

リッツ・カールトンを辞めてから分かった「人生で大切なこと」 177

第1章

リッツ・カールトンで学んだ「仕事をする上で大切なこと」

Things important
I have learned through in working at The Ritz-Carlton.

1 「NO」を使わない

〝「NO」を使わないからこそ、
リッツ・カールトンはリッツ・カールトンであり、
最高のサービスを提供するホテルとして存在している〟

「リッツは、お客様のご要望に対してNOを使わない」

有名な話です。私が働いていた当時のリッツ・カールトン大阪の総支配人は、「これを実践しているからこそ、リッツ・カールトンであり、最高のサービスを提供するホテルとして存在している」と言っていました。

しかし、リッツはホテルであって、魔法使いではありません。私はリッツ・カールトン大阪の開業スタッフとして新卒採用で入社し、すぐに疑問をもちました。「お客様の無理難題でNOを使わなければならない時が必ず来るはず」と。

当時、私のように思ったスタッフは少なくないようでした。

また、一般の方々も「ＮＯを使わないサービスなんて、リッツという伝統と実績のある組織だからこそ実践できるサービスだ」と思われていることでしょう。

しかし、私や他のスタッフたちはリッツで学び、スタッフとして経験を積んでいくうちに、たとえお客様に無理難題を出されたとしても、「ＮＯを使わない」サービスは実践できるということ、そしてそのサービスは、お客様との関係を深める絶好の機会になるということを知りました。

ここでは、リッツで最高のサービスを学び、現在はダイニングバーを経営している私が、どのような経験を通して「ＮＯを使わないサービス」を学んだのか、そして、この「ＮＯを使わないサービス」をビジネスマンや個人店などが、どのようにして応用すれば良いかをご紹介します。

私がリッツのレストランやラウンジで働いていた時、ラストオーダーはあってないようなものでした。ラストオーダーを聞いた後に、ご来店されるお客様がいらっしゃれば断ることなくご注文をお伺いしていたからです。

1階のイタリアンレストラン（当時は地中海レストラン）で、お客様から熱燗を飲みたいと言われ、5階の日本料理のレストランに走って取りに行ったこともあります。

さらにルームサービスのスタッフは、お客様（当時国民的人気を博していた芸能人）から「吉野家の牛丼、買ってきて」と言われると宿泊料に掛かるサービス料金内で、お客様の代わりに買出しに出かけていました。

世間一般のホテルなら、「ラストオーダー後だから」「イタリアンレストランだから熱燗は」「ホテルで牛丼は」という理由で断ることもあると思います。サービススタッフも人間です。面倒なことやしんどいことは、正直、やりたくありません。

でも、それができるのが心意気をもったリッツ・カールトンスタッフです。まずは、この心意気をもつことがリッツ流の仕事を始める第一歩です。（この心意気の育て方は2、3章にてご紹介します）

◆大事なのは、望みを叶えることではなく向き合うこと

しかし、心意気だけでは、どうにもならない時があります。物理的に不可能な時です。

以前、地中海レストランで、真夏に寒鰤《かんぶり》（真冬に捕れる脂がのったブリ）が食べたいと言うお客様がおられました。

お客様も寒鰤が冬の魚であることは存知でした。意地悪でおっしゃったわけではなく、「今、夏だけど、寒鰤が食べたいなぁ」という感じでした。もちろん、寒鰤を用意することは物理的に不可能です。

しかし、オーダーを受けた先輩サービスマンは、「これはチャンスだ」と思い、何か良い案がないだろうかと現場責任者とシェフに相談。そこでお客様にカンパチ（夏が旬の、味が鰤に似た魚）を食べていただこうという代案が生まれました。

その地中海レストランではカンパチの扱いはなかったため、ホテル内のレストランすべての料理長に連絡し、和食の厨房から回していただくことになりました。

そして、お客様に、「本日、寒鰤の代わりではございますが、カンパチという、夏が旬の魚をご用意できます。鰤より脂が少なめですが、味は似た魚です。いかがでしょうか？」とお伝えして食べていただきました。

お客様は大満足され、「軽い気持ちだったのに、そこまでしてくれるとは、流石リッツ・カールトン。美味しかったよ」と、感謝の言葉をいただけました。

たとえ望みが叶わなかったとしても、お客様は、その望みやお客様自身に向き合ってくれるスタッフの善意に感動するのです。

この経験が私に、チームで同じ目標を達成するために努力すれば、魔法使いではなくとも代案を使い「NOを使わないサービス」が実行できるということ、そして不可能を乗り越えることは、サービスを受けた人の感動をさらに大きくするということを教えてくれました。

「はじめに」にも記しましたが、現在、私はリッツ・カールトンを辞め、客席20席の、フレンチを提供するダイニングバーを経営しています。リッツのような組織力など全くない個人経営のお店ですが、そんなお店でも『NOを使わないサービス」を実践することはできます。

働いているスタッフは、私とアルバイトの計3人。店内にない食材を注文されても、買いに走ることも、仲良くさせていただいている飲食店に食材を借りに行くこともできません。店の中にある食材で代案を考えます。

しかし、残念ながらお客様が納得される代案が提案できないこともあります。そんな時は、私はこうお伝えすることにしています。

「次回、ご来店されるときにはご用意させていただきます。必ず美味しい料理をご用意します」

こちらから次回の予約をセールスしてしまうのです。「NO」は使いません。

◆肯定的な言葉で代案を示す

「今は真夏なので寒鰤はご用意できません」「今日は食材を仕入れていないのでご用意できません」と、「NO」を使うと簡単に終わりにすることができます。終わりにしてしまう方が、どれほど楽でしょうか。

現実的に不可能なことはリッツでもたくさん起こります。しかし、「NO」を使ってしまえば、その時点で何も生まれなくなってしまうのです。

「できません」「ありません」という言葉、即ち「NO」の否定文ではなく、代案を考え「これならできますが？ いかがでしょうか？」「あれならありますが？ ご用意いたしましょうか？」という肯定文を使うことで「NO」を使わずに済みます。新たなアイデアとサービスが生まれ、お客様との絆も深まるのです。

つまり「代案」とは、「お客様に喜んでいただく」というサービス業に従事している者として、忘れてはいけない心意気なのです。

そしてこの「代案」は、お客様との関係性においてだけではなく、取引先や上司・同僚などと円滑に仕事をすすめる上でも有効です。

「リッツは、お客様のご要望に対してNOを使わない」

この言葉は、リッツの心意気の象徴であり、「これを実践しているからこそ、リッツ・カールトンであり、最高のサービスを提供するホテルとして存在している」のです。

2

相手が本当に求めているものを見抜く

〝リッツ・カールトンの魔法のようなサービス
「リッツミスティーク」が生まれる秘訣〟

リッツのサービスは、時に魔法のように語られます。それは、お客様が言葉にされる前に願望やニーズを叶えるサービスのみならず、「サービスされてはじめてお客様自身が欲していたことに気付く」サービスを実践しているからです。

リッツではそんなサービスのことを「リッツミスティーク（神秘性）」と呼び、大切にしています。

ここでは、どうすれば、そんなサービスができるようになるかを解説していきたいと思います。

◆インフォメーションよりインテリジェンスのサービスを

私がリッツに在籍していた当時、後輩たちに教えていたサービスの基本の1つに、「リッツスタッフは、インフォメーションではなく、インテリジェンスでサービスをしなければいけない」というものがありました。

インフォメーションもインテリジェンスも日本語訳では「情報」ですが、知性がある生きた情報がインテリジェンス、伝えられた情報がインフォメーションです。

では、この2つの違いとはどのようなものでしょうか。

たとえば、お食事をされたお客様が口をモゴモゴされています。どうやら召し上がったお肉が歯の隙間に挟まったようです。

ここで、お客様に「爪楊枝《つまようじ》を下さい」と言われてから持って行くのが、伝えられた情報に従って行われる「インフォメーションのサービス」です。

インフォメーションのサービスも悪いわけではありません。しかし、もっと上のサービスがあります。「お客様が言葉にされない願望やニーズを読み取る力」、つまり「インテリジェンス」サービスです。

インテリジェンスのサービスを行うリッツのスタッフなら、この場合、「爪楊枝を下さい」と言われる前に、すかさず爪楊枝を持って行くことでしょう。お客様の口をモゴモゴさせるご様子から、お肉が挟まってしまったのだな、と読み取って行動するからです。

インテリジェンスのサービスを身に付ける第一歩は、常にお客様に関心をもって接することです。

◆従業員を触発する伝説のリッツミスティーク

インテリジェンスを応用した、更に上をいくサービスがあります。

サービスされてはじめて、お客様自身が欲していたことに気付くサービス、「リッツミスティーク」です。

このリッツミスティークとして、リッツの中で伝説化しているエピソードをご紹介しましょう。アメリカ・フロリダ州にあるリッツ・カールトン・ネイプルズでの出来事です。

ビーチ係が、砂浜に並んだビーチチェアを片付けていました。そこに1人の男性のお客様がやってきて、こう告げました。

「今夜、この浜辺で恋人にプロポーズしたいんだ。できれば、ビーチチェアを1つ残しておいてくれないか」

時間が来たら椅子を片付けるのがそのスタッフの仕事でしたが、彼は「喜んで」と言ってにっこりと笑い、ビーチチェアを1つだけ残しておきました。

ここまでは、少し気のきいたホテルマンならば誰でもできることです。ところが、そのスタッフは違いました。彼は椅子のほかにビーチテーブルも1つ残しておいたのです。そしてテーブルの上に真っ白なテーブルクロスを敷き、お花とシャンパンを飾りました。またプロポーズの際に男性の膝が砂で汚れないように、椅子の前にタオルを畳んで敷いたのです。

さらに彼はレストラン従業員に頼んでタキシードを借り、Tシャツに短パンというつものユニホームから手早く着替えました。手には白いクロスをかけ、準備を整えてカップルが来るのを待っていました。お客様が言葉にされた要望は、ビーチチェアを１つ残しておくことだけだったのにもかかわらず、です。

リッツ・カールトン大阪で、このネイプルズのエピソードに触発された若きスタッフたちのエピソードをご紹介します。

レストランで彼女の誕生日にと男性からご予約をいただきました。その際、男性は「食事の後にバースデーケーキを出してもらえませんか」とだけ言いました。

リッツの伝説のサービスエピソードに触発されていたサービススタッフたちは考えました。バースデーケーキをただ出すだけではリッツじゃない。20代前半のスタッフばかりが集まりアイデアを出し合い実行することにしました。

カップルがメインディッシュを食べ終え、次はデザートというタイミングでレストランの照明が暗くなり、頼んで来てもらっていた外国人ミュージシャンが現れ、シックにバースデーソングを歌いました。

そして次に手拍子と共にミュージシャンとサービススタッフ全員で大合唱する予定が、その光景を見ていた他のお客様までも一緒に大合唱してくださったのです。他のお客様にはあらかじめサプライズのご了承を得ていたため、「まだか、まだか」と待っていただいていたみたいでした。

大合唱のバースデーソングと共にケーキが運ばれ、彼女がキャンドルの火を吹き消し、照明が明るくなると、彼女のテーブルとその周りは、宴会場からいただいてきた花びらで埋め尽くされていました。彼女は満面の笑みを浮かべながら、涙を流して喜んでおられました。

そして、カップルのお客様だけでなく大合唱に加わっていただいたお客様にもイベントに参加したことに満足していただくことができました。

◆特殊能力と間違えられるインテリジェンスサービス

これほどのビッグイベントではありませんが、私の経営するダイニングバー、バスティアンでよく実践している「お客様もサービスされてはじめてお客様自身が欲していたことに気付くサービス」を紹介します。

お客様が赤ワインをご注文された時の話です。ワインはあまり飲んだことがないのだけれど、フランス料理を提供するダイニングバーに来たのだからせっかくだし飲もう、とご注文をいただきました。

こういう場合、お客様はよく、「あまりワインは飲み慣れていないので、渋味が少なく飲みやすい赤ワインをお願いします」と言われます。

そのまま渋味の少ない口当たりの軽い赤ワインをお出しすれば、お客様も納得され、店側は1つの仕事をこなしたことになります。

でも、明らかに軽いワインがお好みではないと分かる時があります。お客様は口当たりの軽いワインと言われても、ドッシリした重めのワインが好みだと分かると、細かな説明と蘊蓄《うんちく》を加えながら、私は思い切って重いワインを飲んでいただきます。結果、ワイン好きになっていただいたお客様は少なくありません。

お客様に、「なぜ初対面で、いきなり好みの味が分かったのですか？　私も分かっていなかったのに」と感心され、「お陰様でワインが好きになりました」と言っていただけます。さらに、「先ほど説明されたように、時間と共に変化してピークを過ぎると味が枯れていく。ワインも人生みたいですね」と感動していただけます。

これは私の特殊能力ではありません。サービスの経験を積むと、お客様の好みも分かるようになります。いくつかの法則を知っていれば誰にでもできます。

たとえば、私はお客様の吸われているタバコを見ます。すべての方が同じように感じるとは言いませんが、メンソールのタバコはメルローという葡萄《ぶどう》品種を使用した赤ワインと相性が良いですし、タールの強いタバコなら味の濃いワインをオススメします。

この法則は、店を経営している地元滋賀県で高い確率で当てはまっていたので、お客様を選んでですが、アルバイトたちにもワインのセールスをする際に活用してもらっています。

結果、お客様に喜んでいただけるので、アルバイトスタッフたちも手応えを掴み、サービスという仕事にのめり込むきっかけになっています。

◆魔法のサービスのタネは、愛をもって相手に接すること

元リッツ・カールトンカンパニー社長ホルスト・シュルツ氏は、リッツ大阪オープンの時、「顧客にとってリッツは、もう1つの我が家であり、お客様を家族のように大切に想いなさい」と言っていました。

久しぶりに再会する家族と接する時、自然と相手を喜ばせるためのアイデアを思いつくものです。リッツミスティークはそのアイデアをお客様に応用したものです。

そして、シュルツ氏は、「サービスは、科学だ。人ひとりの特殊能力に頼ってはいけない」とも言っていました。一見、魔法のようなサービスも、バスティアンのエピソードからお分かりのように「タネ」があり、「仕掛け」があるのです。

小さなことからでも、スタッフ一個人からでも、リッツミスティークは実践できます。私だけのインテリジェンスも周りのスタッフに教えて実践してもらえば、私が実践した時と同じ結果が得られます。そして、お客様もスタッフも感動できる職場を作ることができます。

リッツミスティークを行うための第一歩は、愛をもって相手と接すること。ここからすべてが始まります。

3

目的を明確にし、自分の本当の役割を遂行する

〝サービスのプロは、「おもてなし」と「サービス」を臨機応変に使い分ける必要がある〟

接客における「おもてなし」と「サービス」を、同じものだと思っていらっしゃる方は少なくないと思います。

しかし、私はリッツで、まったくの別物だと教えられました。私がリッツで学んだこの2つの違いを、私が実践している「サービス」と「おもてなし」のエピソードを踏まえてご説明したいと思います。

◆「おもてなし」と「サービス」の違いとは？

「おもてなし」と「サービス」の違いが明確になってくるのは、複数のお客様の関係の中にホストとゲストの関係性があるときです。

たとえば恋人同士のお客様の場合、彼氏が彼女にプロポーズをしたり、彼女をお祝いしたりしようとする時、彼氏は「ホスト」になり、彼女は「ゲスト」になります。

またビジネスでいらっしゃるお客様なら、契約を取るために接待を行う企業が「ホスト」、接待を受ける企業が「ゲスト」です。

リッツ入社1年目の私が先輩サービスマンに教えていただいた例えが、当時、新卒だった私にも理解しやすかったので、そのまま紹介します。

彼氏（ホスト）が彼女（ゲスト）の誕生日にレストランに招待したとします。

この時、彼女をもてなすべきなのは彼氏です。彼女のために一番頑張らなければならないのも彼氏です。サービススタッフではありません。

では、サービススタッフは何をするのかというと、彼女のために頑張る彼氏を、黒《くろ》子《こ》になってアシスタントするのが務めです。ですから、彼氏に断りもなく勝手に彼女にケーキや花束をプレゼントするのは、サービスではありません。

彼女から、「ありがとう。今日は楽しかった」と言葉をもらうべき相手は彼氏であって、サービススタッフではないのです。

サービススタッフは、彼氏から「お陰様で彼女を喜ばせることができました。ありがとう」という言葉をいただくものだと思います。

彼氏を差し置いて、彼女に感謝されていたのであれば、それはサービスと言えないのです。

接待でもそうです。サービススタッフが接待されている企業（ゲスト）を喜ばせてレストランの常連客になってもらったとしても、接待を行う企業（ホスト）が目的（契約を取る等）を達成できなければ、意味がありません。

ホストをサポートしてゲストを喜ばせ、目的が達成できる接待にするというのがサービスです。

サービススタッフは、ホストをサポートし、黒子となってゲストを喜ばせてホストに感謝される。だからこそホストより一歩さがって、ホストを立てなければいけません。

接待される企業と彼女がヒロインで、接待する企業と彼氏がヒーローなら、サービススタッフは脇役です。ヒロインを喜ばせて結ばれるのはヒーローでなければなりません。

サービス業に従事されている方は、この違いを理解していなければ、サービスで失敗してしまいます。しかも、その失敗に気が付くことができないかもしれません。なぜなら失敗していたとしても、お客様（ゲスト）が喜んでいる場合が少なくないからです。

◆山本さんが教えてくれた「接待におけるサービスのコンセプト」

はじめて私がリッツで接待サービスを担当した時の話です。

ベテランサービスマンの山本さんと、まだ21歳の新米サービスマンの私の2人で接待サービスを担当しました。その当時、リッツの伝説的サービスのエピソード（P25、リッツ・カールトン・ネイプルズなど）に感化されていた私は、「よし！　お客様を感動させるサービスをするぞ！」と息巻いていました。

その鼻息荒い私の空気を察して山本さんが一言。

「清水、今日はオレが言ったことだけ忠実に実行しろ。オレの許可なくそれ以外のサービスはするな。いいな」

正直、あまり納得していませんでしたが、尊敬する山本さんが言うのだから何か意味がある。接待が終わったら教えてもらおうと思い仕事を始めました。

接待中、山本さんの私に対する指示は、「ホスト側（接待する企業）がゲスト側（接待を受ける企業）にドリンクのお代わりを聞く前にサービススタッフが伺う」、「お客様が使い切ることができない量になってしまったとしても、バターの入った小皿やコーヒーのミルクピッチャーは人数分用意する」など、細かなことばかりで、神経を尖《とが》らせ続けなければならないわりには大したサービスには思えませんでした。

接待が終わると、山本さんは接待サービスのコンセプトについて語ってくださいました。

〝ホスト側（接待する企業）の、特に幹事や若手社員に気を使わせない〟

たとえば、ゲストの飲み物が空になった場合、幹事や一番若手の社員がゲストにお代わりを聞いて、サービススタッフに注文することがよくあります。ホストに気を使わせないためには、サービススタッフは、ホストがゲストにお代わりを聞く前にゲストに伺いにいかなければなりません。

また、バターやコーヒーフレッシュを幹事とゲストに共同で使わせては、幹事は気を使うばかりです。ホストの若手社員に、「ゲストに○○してください。ゲストに○○持ってきてください」と言われては、サービスではないと教えられました。

「お店のスタッフがよくゲストを見ていてくれて、ゲストのニーズを叶える接客をしてくれている。細かなことは、サービススタッフに任せておけばいい。その間、接待が成功するように、新商品の説明に集中しよう」と、食事の進行についてはサービススタッフに任せていただけるようなサービスが真のサービスであり、この信頼を得るためには、まず特別なサービスよりも幹事が安心してゲストをもてなせるアシスタント的なサービスを確実に遂行することが大切だ、と教えられました。

時に「サービス」と「おもてなし」を使い分けるには、バランス感覚が必要です。

お客様との関係によって、店側がこれ以上踏み込んでおもてなしをしてはいけない、ここからはサービスの領域にしなければいけないなど、状況に応じて使い分けする必要があります。

たとえば、私が経営するバスティアンでは、親しいお客様がお誕生日にご来店された場合、「店からです」と言ってシャンパンなどをプレゼントすることは少なくありません。

カップルの女性のお客様が誕生日で、彼氏彼女のお二人ともと親しくさせていただいている場合は、彼氏と私でもてなします。

もし、彼女だけが私と親しく、彼氏は私と初対面である場合は、サービスと彼女へのおもてなしの両方を、その状況に応じて使います。この時、彼女が私のおもてなしばかりに喜んでいたのでは、彼氏は疎外感を抱いてつまらないはずだからです。

◆目標を明確にすれば行うべきことは見えてくる

このように「サービス」と「おもてなし」は混同されやすく、またシチュエーションに応じて変化するため、サービスのプロであれば臨機応変に使い分けることが必要です。

そして、「契約に結びつく接待のサポートを行う」というように目標を明確にすれば、そこから逆算して何をすべきかが見えてくるのではないでしょうか？

これは接客だけではなく、どのような仕事にも言えることです。その仕事の真の目的を見極め、それに沿った行動をすることが大切です。

4 お客様と楽しみを共有する

〝より良いホスピタリティの提供、
より良いサービス人生の実現のためには、
時には「お客様に手伝っていただく」
という常識はずれに挑むことも必要〟

時にお客様もサービスの舞台に上げてしまい、お客様の思い出づくりのお手伝いをする。

元リッツ・カールトン日本支社長の高野氏は著書『リッツ・カールトンが大切にするサービスを超える瞬間』の中で、小さなお子様がいる家族連れのお客様がリッツに宿泊された時の話を紹介しています。

ルームサービススタッフの無駄のないプロの仕事に興味津々《しんしん》だった女の子に「お嬢ちゃん、よかったらお兄さんのお手伝いをしてくれないかな?」と声をかけ、女の子にもできる仕事を手伝ってもらい、「ホテルの仕事を体験でき、両親とホテルスタッフから褒めてもらえ、さらにお礼にジュースをもらえた」という女の子の思い出づくりのお手伝いをするエピソードです。

「お客様に手伝っていただく」ということを、「サービスのプロとして失格」と思う方もいらっしゃるのではないかと思います。お客様はあくまでもお金を払ってサービスを受ける側、ホテルのスタッフはお金をもらってサービスを行う側なのですから、お客様がサービスを手伝うのはおかしいと思われるのは当然です。

しかし私は、高野氏の言う「時にお客様に手伝っていただくことも必要」という考え方を、リッツ・カールトンで学ぶことができたことに感謝しています。

なぜなら、この一見常識はずれのサービスは、お客様により感動を届けられるサービスであることはもちろんのこと、私自身にサービスの楽しさや喜び、人生の意義までも感じさせてくれたからです。

リッツ大阪開業時、元リッツ・カールトンカンパニー社長ホルスト・シュルッ氏は私たち開業スタッフに対して、「日本のホテルは素晴らしいが、楽しんで仕事をしているように見えない。楽しまなければ、最高のサービスはできない」と言いました。

なぜ、お客様に手伝っていただくことが、本当のサービスの楽しさ、喜び、人生の意味までも感じさせてくれるサービスになるのか、シュルツ氏が語った最高のサービスに至るのかを、私がサービスマンとして喜びを感じたエピソードを通してご紹介します。

◆お客様と共に作り上げたサービスは、特別なものになる

バスティアンの常連カップルの、彼女のバースデーカウントダウンを行った時の話です。

彼氏は、彼女の誕生日の数日前に1本の高級ワインと自身で編集したCDを持ってきました。ワインは、苦労して探した彼女の生まれ年の高級ワイン、シャトー・ラトゥール1973年。CDはお二人の思い出のコンサートである徳永英明氏の曲をコンサート時と同じ曲順に編集したCDでした。

彼女に最高の誕生日を迎えてほしいと言う彼氏と相談したところ、誕生日の1カ月前にケーキブッフェに行く予定が、仕事の都合で行くことができなかった、ということでしたので、バスティアンのカウンターをカウントダウン後にケーキブッフェに変

えるプランを立てました。

そして私が紹介したケーキ屋さんに、彼氏、私、バスティアンのアルバイトの大塚君と3人で、朝から車を飛ばし、往復4時間かけてケーキを買いつけに行きました。その数11種類。

このように彼氏に、彼女を祝うための準備を一緒にしてもらったのです。

誕生日当日も彼氏は、サプライズを成功させるためにわざと彼女に冷たく接したり、ケーキを食べてもらえるように夕飯を軽食で済ませたりと、様々な仕掛けをしていたそうです。

その間、私は大塚君と2人で照明の落とし方や、ケーキを出すタイミング、音楽を本番で手際よく掛けられるようにリハーサルしていました。

そして、来店。カウントダウン10分前に音楽スタート、はじめは音量を絞り、カウントダウン直前で音量を一気に上げ、彼女が「あれ、いつもの音楽と違う、二人で行った徳永のコンサートの曲じゃないの？」と気付いたその時、午前0時。

「ハッピーバースデー！　お誕生日おめでとう！」

私は、すかさずカウンターをキャンドルいっぱいのケーキブッフェに変えました。

そして彼氏が言いました。

「好きなケーキを好きなだけ食べたらいいよ。この前、ケーキブッフェに連れて行けなくてごめん」

もちろん彼女は大喜び。涙を流して喜んでいらっしゃいました。

値段の高いワインとか、美味しいケーキではなく、自分のことを想い、一生懸命になってくれた、その気持ちが嬉しいのです。

彼氏から「ワインの持ち込み料です」と言われシャトー・ラトゥールをグラス２杯いただきましたが、既にお二人から十分過ぎるくらい大切なものをいただきました。サービスマンとして、お手伝いができて光栄でした。感謝しております。

「サービスとおもてなしの違い」で説明させていただいたように、彼氏（ホスト）は、彼女（ゲスト）を喜ばせるために頑張らなければいけません。

彼女のことはサービススタッフよりも彼氏の方が詳しいわけですから、本気で彼女を喜ばせたいと思うのであれば、彼氏には、「今日は任せたよ」と言ってサービス側に丸投げするのではなく、「彼女を喜ばせるために協力してください」と、サービス側に相談して、彼女を喜ばせるために、サービスの舞台に上がっていただきたいと思います。

舞台のヒーローになり、サービススタッフを引っ張って彼女を喜ばせる情報をいただけると、サービススタッフ側からも色々アイデアを提案でき、より良いプランができ上がります。

ゲストの情報をより多く持つのはホスト、店の飲み物、お料理、演出の情報をもつのはサービススタッフです。そして2つの情報が合わさった時、全く新しいサービスを創出できるのです。

今回一緒にお祝いさせていただいた彼氏は本当に一生懸命になっていらっしゃいましたので、私も良い誕生日になるように頑張りたいと思い、一緒に試行錯誤させていただきました。お互いが頑張ったからこそ、彼女を感動させることができたのです。

◆最高のサービスができると最高に楽しい

高野氏の、「時にお客様もサービスの舞台に上げてしまい、お客様の思い出づくりのお手伝いをする」は、もちろんお客様のためですが、サービススタッフのためでもあります。

お客様と楽しさ、喜び、人生を共有できた時、それは最高のサービスができた時です。そしてそんな最高の仕事ができた時、サービス業に従事する者は、最高の楽しさと、最高の喜びを感じます。

だからこそホルスト・シュルツ氏は、「楽しんで仕事をしなければ、最高のサービスはできない」と私たちに言ったのです。

余談ですが、私の大好きな映画「プリティ・ウーマン」の名脇役、主役2人を陰から支え、映画が成り立つために不可欠な役、それはホテルの総支配人ではないでしょうか？　彼の究極のサービスは私の目標です。

5 セールスの３つの柱を大切にする

〝セールスの最も基本にあるもの〟

人によってはセールスのコツは商品知識を豊富にもつことであったり、また話し上手であることだと考えるのではないでしょうか。

それも正解だと思いますが、もっと、セールスの基本にあるものをリッツで教えていただきました。それは、「セールスの３本の柱」でした。

1．セールスし、商品を購入していただくことで、お客様が喜んでくださるのか？
2．セールスする本人が、セールスする商品を本当に売りたいのか？
3．セールスする商品を売ることで、会社的にどのような影響があるか？

◆トークよりも「お客様が何を求めているのか」が大事

「セールスは、トークだ」とおっしゃる方は、自身のトークがお客様の購買意欲をかきたて、その結果購入していただいていると考えています。

しかし、いきなりセールストークで始まるセールスを私も受けたことがありますが、その商品が欲しくなかったら、トークにうんざりします。まさに、「1．セールスし、商品を購入していただくことで、お客様が喜んでくださるのか？」を理解していません。

トークは必要ない、と言うわけではありませんが、お客様が何を求めていらっしゃるのか、そして、「1．セールスし、商品を購入していただくことで、お客様が喜んでくださるのか？」を考え、セールスをすることの方がより大切なのです。

喜んでいただけなかったらサービス側の信用が下がり、客単価を上げるどころか、お客様がご来店されなくなります。

私は、いつもバスティアンで新作の料理、新入荷のワインをお客様にセールスする際、お客様が喜んでくださるのか、いろいろとイメージします。一度、皆さんもイメージしてみてください。自分がお勧めした商品でお客様が喜ぶ姿は嬉しくないですか？　セールスして、購入していただいた商品でお客様に喜んでいただける。そのことを喜び、楽しみにしてしまえば、自然とセールスは向上していきます。

◆本当に売りたいと思わなければ、心からのサービスはできない

そして、「2．セールスする本人が、セールスする商品を本当に売りたいのか？」。本当に心から売りたいと思えるセールスは、心からのサービスになります。そんな心からのセールスは、口先だけのセールスと比べて、お客様に対しての説得力が違います。たとえセールスのセリフが同じでも、言葉に心が宿ると結果が明らかに違ってきます。

たとえば、名俳優の演技が、観客を感動させるのはなぜでしょう？　俳優は、演じる役になりきります。誰かを憎んでいる役を演じれば、観客は本当に憎んでいると感じてしまいます。悲しむ演技で、悲しみが観客に伝わり観客も悲しくなるのは、演技に演じている役の感情、即ち心がこもっているからではないでしょうか？　その心情

が観客に伝わるのです。

◆1本1000円の水が飛ぶように売れた

しかし、会社、上司から「この商品を売りなさい」と指示され、嫌々セールスしているのが現実、なんてこともあるでしょう。

今まで私が紹介した、「セールスし商品を購入していただくことで、お客様が喜んでくださるのか？」「セールスする本人が、セールスする商品を本当に売りたいのか？」なんて実践できない、と思われている方は少なくないと思います。

実は私もリッツ在籍時にそんな経験がありました。しかし、当時の先輩方は、そんな商品でもリッツのセールス概念《がいねん》に変化させ、私たち後輩にセールスさせました。

私がリッツ・カールトン・スプレンディード（在籍当時は、100席を超える地中海料理のレストラン）で、サービススタッフ総動員でエビアンを売った時の話です。

当時のリッツ大阪では、エビアンをオーダーすると1本1000円しました。それに13％のサービス料と消費税が付きます。

当時は水にまでお金を払うことが当たり前ではなかった時代だったので、私は、「水なんて水道水をカルキ抜きすれば十分飲める。わざわざお金を払ってオーダーする人なんていないわけない。会社は何を考えているんだ。正直、セールスしたくない」と思いました。

しかし、先輩方は、当時新卒スタッフだった私たちに、セールスの３本柱に当てはめて、セールストレーニングをしてくださいました。

「水をセールスすることで、お客様に喜んでいただける理由はなんでしょう？」

職場のスタッフ全員でシミュレーションし、メンバーでディスカッションして出した考えです。

1．セールスし、商品を購入していただくことで、お客様が喜んでくださるのか？

エビアンをセールスし購入していただくことで、お客様に喜んでいただけること、お客様のためになること、とは何でしょう？

・わざわざ、お水にまでお金を掛けるというのは、贅沢な気分になる
・リッツでの非日常の演出の1つになる
・水道水を飲むよりも健康的

その次に、

2．セールスする本人が、セールスする商品を本当に売りたいのか？
お客様のために、なぜエビアンを売りたいのか？

・贅沢な気分になっていただきたい
・健康にいいものをセールスしたい
・お客様がエビアンに想い入れがある、かも……

など、ディスカッションの後半にはかなり強引なアイデアも出ましたが、どんなアイデアでもいいから、想像を膨らませて、考えを出すことが大切だと教えられました。

そして、先輩の橋野さんが、「今、皆で出し合った考えをもってセールスしていれば、

もし、お客様に、『なぜ、エビアンを勧めてくるの?』と質問されても自信をもって答えられるだろ。『会社が売れと言ったので』と答えて、良い顔をするお客様はいない。あくまでお客様のためを考えてセールスしなさい」と言われました。

しかし、その当時の私は、やはり水はただなのでは? そんな理想を語られても、コンビニで1本100円のエビアンが1000円で売れるわけはない、と考えていました。

コンビニで100円のエビアンを1000円で売るということは、100円のエビアンにリッツとリッツのサービススタッフが900円の付加価値を付けなければならないことでもあります。正直、先輩たちでも売れないのでは? と半信半疑でした。

まず先輩方がお手本を見せてくださいました。

お客様に水をお出しするタイミング(コース料理だと魚料理が終わり肉料理を提供する前が一般的)に、「お水ですが、エビアンをご用意いたしましょうか?」「エビアンはいかがですか?」と簡単な言葉でセールスを始めると、ほとんどのお客様がオーダーしてくださいました。

それを見て、「エビアンを売るのって簡単だ」と思った私が先輩と同じセールストークでセールスを始めたのですが、思うように売れません。「え？　水、別に普通の水でいいよ」「エビアンじゃなくてもいいよ」と断られてしまいます。

そんな私に先輩の橋野さんが、「清水、トレーニングの時話した『セールスし、商品を購入していただくことで、お客様が喜んでくださるのか？』『セールスする商品を本当に売りたいのか？』をしっかり心に落とし込んでセールスしているか？」と聞きました。

そして、「セールス＝サービス＝相手を思いやる心」がなければ、言葉に心が宿らず、お客様の心に伝わっていかない。だから、先輩たちの言葉をそのまま引用しても、先輩たちと同じ結果は出ないと教えてくださいました。

それから私は、この2つの質問を自問自答しながらセールスしはじめました。

もちろんその時には、「水なんてタダやろ。買う人なんているわけない」とは考えなくなっていました。はじめて私のセールスの言葉に、私の心が落とし込まれたような気がしました。

そして、当時の職場の同期たちも私と同じ気持ちになっていました。

気が付けば、『エビアンを売るなら、オレに任せろ！』というくらいエビアンを売っていました。そのうち同期全員『エビアンを売るなら任せろ！』という自信をもちセールスしていたのです。セールスする楽しさを実践で味わったからです。

その結果、クリスマスイブのディナーだけでエビアン１５０本を売りました。金額にするとエビアンだけで15万円です。スタッフ全員でセールした結果です。

このエピソードで、若いスタッフにセールスのスキルが付いたのは、先輩方が自信をもって売れる商品〝１つ〟と、セールスのチャンスを与えてくださったからだと思います。

たとえば、常連のお客様が幹事として、大切なお客様を招待されている時にエビアンをセールスしたとします。

常連のお客様は招待されているお客様に対して、「水１つでも気を使っていますよ」という敬意を示すために「ありがとう。エビアンいただくよ」と言ってくださいますが、親しい友人を連れて来店されている際は、相手に気を使わなくてもいいので、「今日は、いいよ」と言われる時があります。この場合、１人のお客様から２パターンもの反応が返ってくるのです。

10人のお客様にセールスをすれば、20通りの反応が返ってくるかもしれません。それが、商品をいきなり3品セールスしようとすると60パターンです。

まずは1つの商品でセールスし、返ってくるパターンを勉強した方がいいでしょう。いきなり複数の商品のセールスを行うと、経験の浅いスタッフは対処できなくなってしまうからです。ですから、徐々に扱える商品を増やしていくことをお勧めします。

◆忘れてはならない会社の「目的」と「ミッション」

最後に、もし「セールスし、商品を購入していただくことで、お客様が喜んでくださるのか？」「セールスする本人が、セールスする商品を本当に売りたいのか？」、この2つだけに焦点を当ててセールスすれば、お客様は喜んでくださり、セールススキルは向上するかもしれません。

しかし、どんなにその2つに当てはまったとしても、何でもかんでもセールスしていいわけではありません。

極端な例ですが、もし「セールスし、商品を購入していただくことで、お客様が喜んでくださるのか？」「セールスする本人が、セールスする商品を本当に売りたいのか？」に沿って、リッツが「訳あり商品」「激安商品」をセールスしたとしたら、どうでしょうか？

リッツのブランドに「訳あり商品」「激安商品」のイメージが付き、「最高のサービス」のブランドが薄れていくのではないでしょうか？

そこで、セールスに必要な考えの１つが、「3．セールスする商品を売ることで、会社的にどのような影響があるのか？」なのです。

セールスする商品もリッツのカラー、リッツの信用をなくさない、会社もお客様もサービススタッフもwin winになれる商品をセールスしなければ、なりません。

最近、デフレということもあり、会社の利益のために会社のブランド、カラーに沿わない商品をセールスしている会社は少なくないように思います。

一度、付いてしまったイメージ、失ってしまった信用、価値の下がったブランドの回復は困難です。会社のブランド、信用、カラーを壊さずにセールスするには、セールスする商品を選ばなければなりません。

その選び方は、会社の目標とミッション（使命）から導き出し、セールスマンの物差しとして、身に付けておかなければならないのではないでしょうか？

たとえば、フレンチとワインを中心に扱っているダイニングバーであるバスティアンの目標は、地元彦根でフランス料理文化を広めることです。ですからバスティアンのミッション（使命）は、美味しいフランス料理を提供することです。

何を売り、どんなブランドを確立していくかは、各会社、店のミッションによって違っていて当たり前ですが、それをセールスするスタッフは理解しておかなければならないのです。この疑問は、一度は会社とミーティングして、意思疎通しておくことをお勧めします。

6 「知識、技術よりも大切なもの」を忘れない

〝どんな仕事にも通じる、一番大切なもの〟

若い人たちは技術、知識を得ることばかりに気を取られ、少し経験を積むと少ない技術、知識の上にあぐらをかき、要領だけで何とかして楽をしようとするように思います。

要領がよくなってきた時が失敗したり、お客様から苦情が出たりする時です。なぜなら、気持ちここにあらずの状態で仕事をするからです。

リッツに入社して2年目のことです。ホテルの内線電話の対応に関して、当時の冨田料飲《りょういん》支配人にひどくお叱りを受けたことがありました。理由は電話での話し方で

した。

レストランの満席時に内線が鳴り、焦りながら料飲支配人からの内線を取りました。内線の内容は、「マネージャーに繋いでほしい」という至ってありきたりな内容で、私も無難に取次いだつもりでした。実際、私と料飲支配人の会話を文章にすれば、ホテルマンとして全く問題のない言葉遣いでした。

しかし、話し方が焦っていて心ここにあらずで、心を込めた電話対応ではないことを料飲支配人は見抜き、激怒し、私が参加するラインナップと呼ばれる朝のミーティングにわざわざ時間を割いて参加されました。そして、その場でラインナップメンバー全員が、料飲支配人によって叱咤激励《しったげきれい》されることとなりました。

「お客様に喜んでいただくサービスは、気持ちが入っていないと喜ばれないいんだよ！

気持ちが入っていないサービスは、お客様も気付いてしまうんだ！

一生懸命のサービスは、技術がなくても知識がなくても伝わるんだよ！

清水！　なんだ、あの電話対応は!?　外部のお客様に対しても、あんな対応なのか？

いいか！　お前たちは、今、サービスすることに慣れてきて、薄っぺらい小手先だけの技術、知識でサービスをしていて、心が、気持ちが入ってないんだよ！

たとえばワインを売る時でも若いスタッフが、正直に自分の好きなワインをお客様に飲んでいただきたいという思いをもって一生懸命セールスしたとする。

『僕、ワインのことは勉強中で、そんなにワインの知識もないのですが、このワインは本当に美味しいと思って、お客様に飲んでほしいんです』

ホテルのスタッフとは思えない不器用な言葉遣いだが、彼の言葉だけに彼の本心が伝わる、気持ちが伝わる。それがサービスなんだ！」

サービスに対する料飲支配人の情熱。テレビで元テニスプレイヤーの松岡修造氏を見ると、毎回、冨田料飲支配人のあの時の顔を思い出してしまいます。

しかし、今では私も分かります。どんなに技術や知識をもっていたとしても、小手先のサービスはお客様に伝わってしまい、気持ちが入っているサービスを上回ることはできないのです。

◆１番大切なのは「気持ち」

逆に、気持ちさえ入っていれば、技術や知識を超えるサービスをすることができます。

私は自分の店のアルバイトに、このエピソードと私の経験から気付いた考え方を理解してもらい、任せられるタイミングがあれば、実践してもらっています。気持ちのこもったサービスをお客様に受けていただき、さらにアルバイトにもサービスの楽しさを体感してもらうことができると考えているからです。

たとえば、アルバイトに好きなワインがあり、バスティアンで頑張っているアルバイトを気に入ってもらえそうな、胸を貸していただけそうなお客様が来店された時は、アルバイトにワインセールスを任せます。もちろん、私はアルバイトの好きなワインを把握しており、アルバイトの好きなワインとお客様の好みのワインが近かった時に限って、実践させています。

自分が好きなワインをお客様にお勧めするのですから、アルバイトの言葉には心がこもりますし、説得力があります。

そうすると、「よし、そのワインいただくよ。お仕事頑張ってね」とお客様はワインを飲んでくださいます。

そして、そのワインをお客様に「美味しい」と喜んでいただけたら、アルバイトも嬉しくなり、次のワインセールスをするのが楽しみになります。そうすると、アルバイトのワインセールスに、さらに好意、善意を感じられるようになるのです。

仮に好みに合わないワインだったとしても、お客様はアルバイトの気持ちを感じ取り、決して怒ったりせず、逆に、「もっと頑張って」と励ましてくださいます。

もちろんそんなお客様であっても、大切な人をもてなされている時は、私が接客しますが、その場合であっても、大切なのは、第一に気持ち、技術と知識はその次です。

もし、順番が違っていて、話し方（技術）やワインの知識が先にきていたら、知識があるからといって、お客様の求めていないワインをペラペラと語りセールスしたとしたら、お客様は喜んでくださるでしょうか？

サービスを受けるということは、人（スタッフたち）の好意や善意に触れることだと私は思います。

「そんな理想で、ワインは売れないでしょう？」

と言われたことは、何度もありますが、そんな時、バスティアンの元アルバイトの大塚君の話をします。

バスティアンで売れた高額ワインランキング1位は、当時大学生アルバイトだった大塚君が売った13万5000円のシャトー・ムートンです。

当時、私は彼を信頼していたのでホールでの接客をすべて任せ、厨房で料理を作っていました。すると彼が厨房に入ってきて、「清水さん、この13万5000円のワイン、オーダー入ったんですけど、どうしましょ？」と言いました。

驚いた私は、

「何て言って売ったんや？　場合によっては断った方がいいかもしれん」

彼も、

「そうですね。自分でも、なぜ売れたのかよく分かりません。うちのオーナーが美味しいと思って置いているので、間違いなく美味しいはずです。と言ったら、『じゃあ、下さい』と言われました」

その後、私がお客様に話を伺いに行きました。注文を下さった男性は会社を数社所有しているビジネスオーナーのジェントルマンでした。

「彼に接客されてすぐに彼のファンになったので、思い切ってこのワインをオーダーしました。彼の熱心な様子が、ガムシャラだった昔の自分に似ていたので応援したくなってしまったのかもしれません」

初めから私が接客していたのでは、このワインはオーダーされなかったわけです。

大塚君は今、飲食業ではなくメーカーの営業の仕事についていますが、分野を越えて大切なものがあることに気付いてくれており、バスティアンのお客様に育てていただいたことを今でも大切に日々の業務に生かしているそうです。

7

「理不尽」の裏側を考える

“「仕事は盗むもの」の本当の意味とは”

「理不尽なのは当たり前」

リッツ入社1年目、当時の上司の1人から何度か言われた言葉です。リッツに入社する前からこの言葉を耳にしたことはありましたが、外資系のリッツ・カールトンで言われるとは思いもよらないことでした。

新人が理不尽な扱いを受ける世界は少なくないと思います。料理人、ホテルのサービスマン、大工にドクターなど、感性が必要で、イレギュラーな場面が多く、咄嗟《とっさ》の判断を求められる仕事は特に、理不尽に感じられることに遭遇することも少なくないでしょう。

たとえばドクターが手術中に想定外の症状が出て、咄嗟の判断でいつもと違う指示を出しました。

もし助手をしていた後輩ドクターが、

「え、いつもと違うじゃないですか？　この前、おっしゃったことと違うじゃないですか！」

と言ったとしたら、先輩ドクターは、

「いいから言われたことをやれ！」

と言うことでしょう。

命を救うドクターは、イレギュラーな場面に遭遇することも多々あると思います。そんな場面では、口論をしている余裕はありません。イレギュラーな場面では、イレギュラーな指示を出さなければならないし、出された方もその指示に従わなければならないのです。

最近は、「納得しないと動かない」という若者が多いように思います。そんな若者に伝えたいのは、理不尽であっても経験者の咄嗟の判断や行動には、それなりの意味があるということです。

◆仕事を盗んで叱られたわけ

リッツ入社1年目の私は、上司から「仕事は盗むもの、教えてもらうものではない」と言われ、積極的に上司、先輩サービスマンの行動を見て、仕事を盗もうと必死になっていました。同じ身のこなしができるように、先輩サービスマンの動作を観察し、真似をして行動するように心がけていました。

そんなある日のアイドルタイム（アフタヌーンティータイム）、紅茶をサービスする先輩が、お腹の辺りで持っているトレーの上にティーカップをのせ、ティーポットから紅茶を注ぎ入れました。

数日後、私はその時見た先輩のマネをして、紅茶をトレーの上で注ぎ、お客様に提供しました。そしてレストランのバックエリアに戻ってきた瞬間、

「誰がそんなサービスを教えた！」

と、その先輩に怒鳴られました。

「紅茶というのは香りが大切や！　一番香りがたつのは紅茶を注ぐ時だ。その時、お客様の顔よりも下で紅茶を注がなければ、香りを楽しんでもらえないだろ！」

「でも数日前、先輩がしていたサービスですよ」

と私が言うと、

「やかましい！」

と一喝《いっかつ》されてしまいました。

私の頭の中は真っ白になり、「え、なんで？　仕事を盗めと言われ、盗んだ仕事をすれば怒鳴られる。理不尽じゃないか？」という思いでいっぱいになりました。こんな理不尽なことやっていられない、とさえ思いました。

しかし、それを見ていた別の先輩に、

「めげることなどない。それでいいんだ、めげずについてくる後輩が、先輩、上司はかわいいのだから」

と言っていただき、なんとか気持ちを切り替えることができました。

その次の日、私を叱った先輩が私を呼び出し、なぜ先輩はトレーの上で紅茶サービスを行ったのかを教えてくださいました。そこには先輩のお客様への配慮がありました。

お客様は女性4人グループで、しかも座っていらっしゃった席はホールの角の、一番奥の席でした。レストランで一番接客のしにくい席です。そして、お客様同士の話に夢中だったそうです。

もし先輩が「お客様の目の前、なおかつ鼻より下の位置で注ぎ入れる」という基本的な紅茶サービスを行おうとしたら、お客様は気を使って体を斜めにしたり、少しズレたりしてくださるかもしれません。先輩は、それはお客様の話の腰を折ってしまうような気がして避けたかったそうです。

また、私が見たサービスは、2杯目か3杯目のお代わりのサービスで、もちろん初めの1杯は基本的な紅茶サービスをしていたそうです。

オーダーされた紅茶が運ばれて、初めの1杯を注ぐ時はお客様も自分の選んだ紅茶に興味があるので、先輩は紅茶の説明をしながらサービスを行ったそうですが、お喋りが盛り上がってきたお代わりのサービスでは、話の邪魔にならないよう、黒子のようなサービスを行っていたとのことでした。

その話を聞き、私は、よく考えもせずに先輩の動きを模倣しただけで満足し、あまつさえ責任を先輩に転嫁するような発言をしてしまった自分が、とても恥ずかしくなりました。

◆ただ行動を真似るのではなく、なぜそうしたのかを考えることが大事

感性が必要な職場、仕事場というのはマニュアル化できないことが多く存在します。

たとえば、料理の食材に使う塩の量など毎回違って当たり前です。今日仕入れた魚は、今日、明日、明後日で状態が変化するので、調理する時の塩加減は違ってきますし、調理する料理人によっても量は異なります。

「盗め」とは「考えろ」ということでもあります。

すぐに答えを教えてしまうと、答えを導き出すために考える癖がつかなくなります。

先輩が塩のさじ加減を教えると、後輩は先輩から怒られることなく仕事をこなそうとするため、そのさじ加減しかしなくなります。もし、上司が後輩に、

「なんだ！　この塩加減は!?」

と叱ると、

「でも、先輩に教えていただいたとおりにやったのに」

と自分にそう教えた先輩が悪いように思ってしまいます。

本当に大切なことは、そのさじ加減をきっちりと守ることではなく、「なぜ、その

塩のさじ加減に先輩はしたのか？」を考える癖をつけることです。

考えて自分なりの答えを探し、料理のクオリティが基準に達していたら、たとえ出した答えが先輩と同じとはいかなくとも、それは、その人の答えになります。しかし、自分の答えを出さずに、いつまでも先輩のせいにしていては、永遠に成長できません。

仕事というのは、学校の勉強のようにみんなと同じ答えを出すことが正解ではありません。各々感じて考え、各々の答えを出さなければなりません。

そして、そこに導いてくれる先輩、上司たちの行いは、一見理不尽であっても意味はあるのです。また、そんな理不尽についてくる部下、後輩はとても可愛く思えるものなのです。

あなたも先輩や上司の行動や発言を理不尽に感じることはあるでしょう。でも、いらだちにのまれて考えるのを放棄しないでください。

理不尽さの裏には一体何があるのか、自分の何が問題だったのか、その答えを見つけたとき、あなたは大きく成長できるはずです。

第2章

クレドを通して見つけた「自分の“芯”をもつということ」

Self-confidence is important thing for any success that I have found through Credo.

1 クレドとは

〝リッツ・カールトンの根源「クレド」〟

〝リッツ・カールトン・ホテルは
お客様への心のこもったおもてなしと
快適さを提供することを
もっとも大切な使命とこころえています。〟

リッツ・カールトンを語るためには、クレドをご紹介しなければなりません。クレドとはラテン語で「信条」のことです。リッツでは従業員全員がリッツのクレドを共有し、一人ひとりが行動する際の規範としています。

右に記したものは、リッツのクレドが記された「クレドカード」の、最初に載っている言葉です。

クレドカードは、

〝クレド〟

〝モットー〟

〝従業員への約束〟

〝サービスの3ステップ〟

〝ザ・リッツ・カールトン・ベーシック〟

の5つから構成されており、いつでも携帯できるよう、四つ折りにすると名刺サイズになるように作られています。

◆クレドこそ、リッツのすべてであり、クレドがあるからリッツである

〝クレド〟には右でご紹介したものを筆頭に、リッツの信条、「お客様に気持ちよく過ごしていただくことがリッツ・カールトンの仕事のすべてである」という旨のこと

が書かれています。

〝モットー〟は、「We are Ladies and Gentlemen Serving Ladies and Gentlemen」。つまり、お客様にサービスを行う私たち従業員自身も紳士淑女であるということ（詳しくは、P97「アイデンティティーを定め、自ら成長していく」でご説明いたします）が、そして〝従業員への約束〟では、従業員を尊重し、一人ひとりの才能を最大限伸ばしていくといった、リッツから従業員への約束事が書かれています。

また、〝サービスの3ステップ〟では、挨拶やインテリジェンスで行うサービス、そしてお見送りについて。

〝ザ・リッツ・カールトン・ベーシック〟では〝クレド〟〝モットー〟〝従業員への約束〟〝サービスの3ステップ〟をまとめたものや、従業員の役割、権利などが20項目にわたって記されています。

リッツ・カールトンカンパニー元社長のシュルツ氏は、リッツ大阪の開業の際、開業スタッフの私たちの前でクレドカードを手に持ち、こう言いました。

「このクレドこそ、リッツのすべてであり、クレドがあるからリッツだ」

実際、このクレドこそ、これまで、そしてこれからご紹介するリッツ・カールトンの数々の伝説的サービスの源であり、また、私が28歳、貯蓄ゼロから独立し、ダイニングバーのオーナーになることができた根源であると思います。

本章では、なぜ「クレド」が「リッツ・カールトンのすべて」なのか、そして「クレドを有効に活用するための方法」やクレドの内容に関する詳細について、私がリッツで体験した出来事と併せてお話ししていきたいと思います。

この章の最後に私が働いていた当時のクレドカードの内容を掲載いたしましたので、「クレド」全体の内容をお知りになりたい方はそちらを御覧ください。

また、私の在籍当時、リッツ大阪では、クレドカードに記されている内容すべてを指してクレドと呼んでいましたので、本書では特に断りがない場合、「クレド」はクレドカード全体の中身を示させていただきます。

2 クレドをもつ意味

〝社会人、ホテルマンとしての「背骨」をもつ〟

私がはじめてクレドに触れたのは、リッツ大阪オープンの1カ月前、新卒スタッフとしてリッツに入社したその日でした。

私たち新卒スタッフは、オープンまでの1カ月間、世界中のリッツ・カールトンから集まったトレーナーの方々からトレーニングを受けることになっていました。

いらっしゃったトレーナーの方はみなさん、サービス、ホスピタリティ、ホテルビジネスについて、とてつもない情熱をもっておられました。そして、世界各国から大阪に集まったためにほとんど初対面であるにもかかわらず、一貫した価値基準をもっていました。

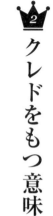

サービスに対する情熱や細かなサービステクニックだけでなく、たとえば掃除での「汚れている」「汚れていない」「きれい」「とてもきれい」の基準までも、皆さんリッツスタンダードで一貫していたのです。

しかし、そんな精鋭ぞろいのトレーナーたちが私たちに教えてくれることといえば、毎日、クレド、クレド、クレド。クレドを読み返し、暗記してもクレドを読み返す、ただそれだけでした。

そのため当時、新卒スタッフたちは、「ホテル開業まで時間がない。クレドは分かったから、実践的なことを教えてほしい」と焦りを感じていました。

◆ルールを身に付けているから個性が出せる

オープンが近づくにつれ、ワインの注ぎ方や皿、トレーの持ち方など、ホテルのレストランで必要なことを学ぶ機会も少しずつ増え、とうとう私たちはオープン前のレセプションを迎えることになりました。

そこで新卒スタッフたちを驚かせたのは、トレーナーたちの接客の姿でした。クレド、クレドと繰り返してばかりに見えたトレーナーたちは、実は自己のキャラクターを生かしたサービスを行う、とても個性的な方々だったのです。

メキシコから来日されたパスカル・バートランドさんは、お客様に、「どちらの国から来られたのですか?」と聞かれると、「サルサ(メキシコのダンス)の国、メキシコからです」と言って、お客様の前でサルサを踊ってみせていました。

アメリカのイケメン、フレデリック・ナイボーグさんは、ウインク1つで女性のお客様の心を掴み、シンガポールから来日したミスターエリックは、落ち着いたサービスで、お客様に安心感を与えました。

フランス人のサービスマンが、はじめてリッツに来館された女性のお客様の緊張を解《ほぐ》すため、初対面にもかかわらず満面の笑みを浮かべ、片言の日本語で、

「どうも、はじめまして。昔からあなたのこと、愛してました」

と両手で女性の手を握り、

「今日は、あなたのために最高の料理をご用意します」

と言っている姿を見た時は、とても日本人には真似できないサービスだ、と思いま

した。

そんな個性豊かなサービスに圧倒されている私たちに対して、ミスターエリックは言いました。

「僕たちがなぜクレド、クレドと言うか、分かるかい？

社会人のルール、次にホテルマンとしてのルールを身に付けていなければ、個人のキャラクターを生かしたサービスをするのは、とても危険だからだよ。知らず知らずのうちにお客様に不快な気持ちを与えているかもしれないからね。

ルールを覚えて守らなければ、サッカーでも野球でもチームメイト、相手チームに迷惑がかかり、観客も不快な気持ちになる。

クレドは社会人、ホテルマンとしての基本的な〝ルール〟を身に付けるために重要な柱なんだ。クレドを心で覚えれば無意識にクレドに沿ったサービス、言動ができる。

そうしたら、個人のキャラクターを生かしたサービスを行っても、お客様に喜んでいただける接客ができるようになる。

クレドが君たちのスタンダード（普通）になるまでクレドを繰り返すよ」

クレドは、リッツの経営理念やサービスに対する考え方を簡素化して示したものです。

国、宗教、人種、時代さえも超えた普遍的な考えを示しているからこそ、世界中から集まったトレーナーが感性や価値観までもを共有できており、私たちに一貫したトレーニングを行い、また個性的な、それでいてお客様の心を掴む接客をすることができたのです。

3

クレドを元に行動するための仕組み

〝クレドカードから質問をもらい、明確な答えをもらい、実践する原動力をもらう〟

クレドカードに書かれている内容は、サービス業に従事されていない方でも、一度読んでいただくとサービス業として当たり前のことが書かれていると感じるはずです。

たとえば、「お客様への心からのおもてなし」など、ほとんどの方が「当たり前のことだね」と思われて、そこで考えることを止めてしまうのではないでしょうか？

しかし、「当たり前」に思える「お客様への心からのおもてなし」を、本当に理解しておられる方は、実は少ないのではないかと思います。

あなたは、「お客様への心からのおもてなしとは、具体的にどのようなおもてなしですか?」と質問されたら答えられますか?

リッツでは、「心からのおもてなしとは、具体的にはどのようなおもてなしですか?」とスタッフに質問をすると、必ず各々の明確な答えが返ってきますし、実践もしています。

なぜ、リッツスタッフは各々が明確な答えをもつことができるのでしょうか? なぜ答えを明確にしなければならないのか、ということと併せてお話ししたいと思います。

◆ラインナップを行うことでクレドは具体化する

リッツのクレドカードを生かす仕組みの1つに「ラインナップ」があります。

ラインナップとは、毎日、就業前に行うミーティングのことで、一般企業の朝礼に近いものと思われていることが多いですが、実態は大きく違っています。

朝礼は会社、上司からのインフォメーション(業務報告)が中心なのに対して、ラインナップはインフォメーションから始まり、クエスチョン(質問)、そして、ディスカッション（討論、議論）に至ります。ラインナップの中心は、最後の「ディスカッション」です。

たとえば、ネイプルズのビーチチェアのエピソード（P25参照）は、「ワオ・ストーリー」と呼ばれ、全世界のリッツのラインナップでインフォメーションされました。インフォメーションの後、ラインナップリーダーが、「あなたたちなら、この場合どんなアイデアを出しますか？　どう実践しますか？」とクエスチョンします。するとラインナップに参加しているスタッフがディスカッションして、明確なアイデアを出し、各々の現場ですぐに使えるように変化させ、さらに進化させてしまうのです。

クレドカードに書かれた内容から、毎日1つの項目を読み上げ、質問をもらいディスカッションを行う、ということもしていました。

たとえば、モットー、

「We are Ladies and Gentlemen Serving Ladies and Gentlemen」

について話し合うとします。

「今日は、ジェントルマンについてディスカッションします。ジェントルマンとはどんな男性ですか？　日頃、ジェントルマンになるために、どんなことを実践していますか？」

若いスタッフを中心に質問し、ディスカッションし、明確な答えを出します。

・満員電車でお年寄り、妊婦を見かけたら躊躇《ちゅうちょ》なく席を譲る
・いつもレディーファーストを心がける
・周囲の人に気を配ることができる

「ジェントルマンとはどんな男性？」と質問することで、各々が日頃取るべき行動が明確になっていき、それが習慣化すれば、クレドを無意識に実践できるようになるのです。

◆クレドカードの習慣化でお客様を感動させた若林さんの対応

ここで、クレドカードの内容を理解し習慣化させたサービスマンのエピソードをご

紹介します。このエピソードは、リッツではめずらしく、お客様に「ＮＯ」を使って感激されたエピソードです。

私がロビーラウンジで働いていた時でした。

ロビーラウンジの営業が終了して、掃除のために照明を明るくし作業にかかろうとしたその時、海外からの旅行客が団体でロビーラウンジ前に来られました。

日本に到着したのが深夜だったため旅客機の中で睡眠を取ってこられたご様子で、

「１杯でもいいからアルコールを飲みたい。そうでないと眠れそうにない。だが、営営業が終了してしまっている。どうしよう？」といった感じでロビーラウンジを入り口から眺めておられました。

それを察したロビーラウンジの男性スタッフ若林さんは、躊躇することなくお客様をラウンジ内に案内し、お客様同士が会話しやすいようにテーブルとソファーを移動しました。

そして女性スタッフは終電に間に合うように帰らせ、照明を営業時に戻し、若林さんと私とバーテンダーの檀上《だんじょう》さんの３人で対応することにしたのです。

深夜のサービス残業ですが笑顔で接客し、スタッフの中心となっていた若林さんは、お客様にいつもよりドリンクのお代わりを伺いに行く回数を増やしました。

「1杯だけでいいから飲ませてくれないか?」と営業終了後のラウンジに来られたわけですから、私たちスタッフに気を使って「お代わりを頼んだら悪いな」とお客様が思われていることを察し、あえてドリンクのお代わりを伺いに行く回数を増やしたのです。

若林さんの対応に、お客様は「お代わりを頼んでもいいんだね。もっとラウンジでくつろいでいていいんだね」と感じられた様子でした。また、頼みにくいことを先読みしてフォローしてくれるスタッフに感激されていました。

そして、お客様が若林さんにチップを渡そうとされた時です。若林さんは少し慌てた感じでお客様に対して、NOを使いました。

「No Thank you! It's My Pleasure (結構ですよ。それは、私の喜びです)」

お客様は驚かれ、さらに感激されました。

ここまでのおもてなしをしてくれたにもかかわらずチップを断ったスタッフに、「本気で私たち(お客様)を大切に思って対応してくれた」と感じられたのでしょう。

若林さんに対して、感謝の気持ちがおさまらなかったようで、料理のお皿の下にこっそり高額なチップを置いて宿泊されている部屋に戻られました。後始末をしている時、チップに気付き私たちは驚きました。しかし、ここまでされてチップを返すのは失礼です。今後の勉強のため、ロビーラウンジの貯金箱に入れて、皆で使わせていただきました。

このエピソードをクレドに当てはめてみてください。

〝リッツ・カールトン・ホテルは
お客様への心のこもったおもてなしと
快適さを提供することを
もっとも大切な使命とこころえています。

私たちは、お客様に心あたたまる、くつろいだ
そして洗練された雰囲気を
常にお楽しみいただくために

最高のパーソナル・サービスと施設を提供することをお約束します。

リッツ・カールトンでお客様が経験されるもの、

それは、感覚を満たすここちよさ、

満ち足りた幸福感

そしてお客様が言葉にされない

願望やニーズをも先読みしておこたえする

サービスの心です。〟

加えて、女性スタッフを先に帰して男性スタッフだけでサービス残業を行い、いただいたチップを自分だけのものにしない若林さんの行動は、モットーの、

「We are Ladies and Gentlemen Serving Ladies and Gentlemen」

にも当てはまると思います。

心をこめたおもてなしとは？　ジェントルマンとはどんな男性？　と抽象的な質問をされても、若林さんのエピソードを知っているスタッフなら、若林さんの行動を元

に明確に答えることができるのです。

◆明確にすれば実践しやすくなり、習慣となる

サービスに限らず、明確化すれば何でも分かりやすく、実践しやすくなります。明確さは、行動の原動力になります。明確にしておかなければ、「『心をこめたおもてなしをするように』と言われても、『心のこもったおもてなし』って、そもそもなに？」と従業員が頭を抱えてしまうことを想像するのは難しくありません。行動を継続すれば、力になり習慣になります。この習慣こそ、スタッフの基準であり「当たり前」になるのです。

クレドカードから質問をもらい、明確な答えをもらい、実践する原動力をもらう。明確さは、原動力です。継続は力です。習慣の質が結果の質になります。

4 前向きな発言を心がける

〝否定文を口に出さない職場環境と人生が、
素晴らしいサービスを生む〟

クレドの中に、

「職場にいる時も出た時も、ホテルの大使であるという意識をもちましょう。いつも前向きな発言を心がけ、否定的なコメントはしません」

という旨のものがあります。リッツはなぜ、仕事中だけではなく、スタッフの私生活にまで否定的なコメントをさせないようにしたのでしょうか。

イライラしたスタッフAに、別のスタッフBが話しかけたとします。

スタッフB「ちょっといい？」

不機嫌そうな顔でスタッフＡ「あ〜っ、なによ！」

スタッフＢ「何イライラしているの？」

スタッフＡ「何でもないよ！　関係ない！」

スタッフＢもイライラしてしまいますよね。そして、イライラは伝染します。気が付けば、職場のスタッフの多くがイライラしながら仕事をするはめになります。

このようなことを繰り返していると、同僚が話を聞いてくれなくなり、家族を悲しませ、仲間も離れていってしまいます。正に「負の連鎖」です。

イライラはどこかで、無理やりにでもストップさせなければなりません。

もし、Ａがプライベートのストレスを職場にもち込まず、無理をしてでも作り笑いをして、周囲の人たちに接していたとしたらどうでしょうか？

スタッフＢ「チョットいい？」

笑顔でスタッフＡ「え、何？　どうしたの？」

スタッフB「お願いしたい仕事があるんだけど、頼んでいい?」
スタッフA「もちろん。何でも言って」
スタッフB「ありがとう。さすが頼りになる。今度、ご馳走するよ」

スタッフBはお願い事をする時、「聞き入れてもらえなかったら、どうしよう?」という不安があります。その不安は、スタッフAから笑顔で「もちろん。やらせてもらうよ」という言葉が返ってくることで「ホッ」として解消され、嬉しくさえなります。また、スタッフAも、スタッフBから感謝され、さらにご馳走してもらえ、プライベートで感じていたストレスを忘れることができるかもしれません。

このような悪循環、好循環が起こるのは、職場だけのことではありません。家族や友人は遠慮がない分、職場よりもイライラの悪循環や笑顔の好循環が起こりやすくなります。

リッツが職場の内外で肯定的な話し方をするようにとクレドに書いているのは、ここに理由があります。

サービススタッフも人間です。各々の人生があります。もし各々の人生が誇りと喜びに満ちていたら、職場も誇りと喜びに満ち、素晴らしいサービスを提供できるとリッツは確信しているのでしょう。

リッツの接客英語の1つに、「It's My Pleasure（それは、私の喜びです）」という言葉があります。これは、「You are welcome（どういたしまして）」の代わりに使われます。お客様からの要望を叶えて、「Thank you」といただいた後に、〝笑顔〟で「It's My Pleasure（それは、私の喜びです）」と伝えるとより気持ちよく過ごしていただけるからです。

◆会話は「はい・Yes」からはじめる

また、肯定的な言葉を心がけると、いろいろなチャンスも巡ってくるようになります。

先輩の橋野さんから教えていただいたのは、先ず「はい・Yes」から会話を始める、ということでした。

先輩、上司から何かを頼まれたとします。まずは「はい！　やります」「やらせてください」の姿勢を見せてから、その後に自分の都合を考えます。

「はい、やらせてください。その前にスケジュールを確認します」

という具合です。

上司、先輩は頼みにくい用事でも「はい」と、いつも言ってくれる後輩、部下には、頼み事をしやすくなります。そうすると、仕事が回ってくる機会が増え、仕事だけでなく様々なチャンスも回って来やすくなるのです。

どんな時でも前向きに発言することが、ゆくゆく良い結果に繋がっていくのです。

5 アイデンティティーを定め、自ら成長していく

〝紳士淑女を育てるために妥協しないリッツの姿〟

「私は○○です」という自分に関する概念、すなわち「アイデンティティー」を、人は1つは必ずもっているものです。

それは「私は日本人です」「私は○○の息子です」という生まれながらのものであったり、「私は社会人です」「父親です」「ホテリエです」というように、後から得たものであったりします。

私たちはこのアイデンティティーに基づいて、何がしたいのか、どう振る舞うべきなのかを考え、行動しています。

◆リッツでは従業員自身が紳士淑女となる

「We are Ladies and Gentlemen Serving Ladies and Gentlemen
（紳士淑女をもてなす私たちも紳士淑女です）」

ここまで何度かお伝えしてきましたが、これはリッツのモットーです。

リッツのお客様である「紳士淑女」に最高のサービスを行うためには、ただ言われたことだけを行う召使になるのではなく、従業員自身も「紳士淑女」の考えや気持ちを理解して考え、行動することができる、「紳士淑女」でなければならないからです。

そしてこの言葉は、リッツスタッフのアイデンティティーでもあります。

もちろん、リッツのスタッフがみな生まれながらの「紳士淑女」であるわけではありません。リッツで働いていくうちに、「紳士淑女」となっていくのです。

リッツがなぜ、そしてどれほど「紳士淑女」を育てることを大切にしているのか、リッツでどのように従業員たちが「紳士淑女」に育っていくのかを、ご紹介したいと思います。

私はリッツに就職して、生活、価値観が今までの世界とは一変しました。滋賀県の田舎で育った私が、これからは、貴族の豪邸をイメージして作られた超高級ホテルで1日の大半を過ごすことになるのです。はじめてリッツ館内に入った時、きちんとスーツを着ていたにもかかわらず、自分が場違いなところに来てしまったようで落ち着かなかったことを覚えています。

入社後にまず教えられたのは、「場に合った自分を作ること」すなわち、「リッツの一紳士として自分を成長させなければならない」ということでした。

リッツの紳士として、自分の生き方にも一本芯になるものをもたなければならない、と思いました。

そして、そのことを痛感する出来事が、ホテルオープン前にいくつか起こりました。その中でも印象深かった2つのエピソードをご紹介します。

まず当時の私が驚いたのは、化粧、立ち居振る舞いなどに関して、容赦なく男性上司が女性スタッフに注意をすることでした。

ホテルオープン1カ月前、ロッカー、トイレが混み合うため、新卒の女性従業員たちは従業員食堂で化粧を直してしまいました。

それに対して上司たちが一斉に苦言を呈《てい》したのです。

「化粧直しをしている姿を見られて、恥ずかしいと思えないのか？　君たちは淑女だろ？　電車の中で化粧直しをしている女子高生、学生たちと同じ感覚では困る。リッツの淑女どころか社会人として働くことなど到底できない」

それに対して女性社員が、

「限られた時間内に化粧直しをするには、ロッカーも化粧室も混んでいて不可能です」

と意見を言うと、上司たちは、

「なぜ相談しない？　場所で困っているのなら、レストランの個室を使わせていたのに。大切なのは、社会人に必要な報告、連絡、相談をすることだ」

当時の私は人前で女性が化粧を直すことを恥ずべきことだと認識していなかったため、指摘されている女性社員を見て、私がいままで常識だと思っていたことが、実は非常識なのではないか、その行動を知らずにとってしまったら、同じように上司から叱られてしまうのではなかろうか、と背筋が冷たくなりました。

そして、数日後、リッツの紳士淑女を育てるために妥協しない姿を、さらに強烈に実感する事件がありました。

他社での十何年ものホテル経験を積んでリッツに転職してきた上司が、私たち、新卒社員の不甲斐なさに腹を立て、思わずミーティング時に私たちに向けて中指を立ててしまったのです。

その翌日、彼はスーツではなく、洗い場のユニホームを着て、洗い場スタッフとして、皿洗いをしていました。

このようにリッツでは、紳士淑女でなければ、いくら仕事ができたとしてもリッツ・カールトンファミリーとして認めてもらえません。

私たち、新卒社員全員、さらに気が引き締まったのは言うまでもありません。

◆明確な目標が、いつの間にか自然な自分の姿となる

なぜ、リッツではこんなにも、「紳士淑女」というアイデンティティーをもつこと

が求められるのでしょうか？

ホテルで働くと、お客様や従業員とのやり取り、つまり人間同士の交流が主な仕事となるため、予期せぬ事態、咄嗟の判断が必要な状態、自分の思う通りに事が運ばないという状況に、度々遭遇することになります。

逆境の時、咄嗟の時、感情が昂《たかぶ》った時、人は素の自分が出てしまいます。そんな緊急の時こそ、その人の力量が試される時なのです。

「自分は紳士である」という自覚、すなわちアイデンティティーをしっかりともっていなければ、件《くだん》の上司のように自分の思うようにいかない事態や想定外の出来事に遭遇した時、思わず素が出てしまいます。

しかし、「紳士淑女」というアイデンティティーをもち、いつ何時、誰に対しても「紳士淑女」として接していれば、その姿が自然に身に付き、いざという時も「紳士淑女」として対応できるようになります。

子供が生まれた夫婦は、「自分たちは親だ」という自覚、アイデンティティーをもつから親として成長していきます。リッツでは「紳士淑女」というアイデンティティーを従業員にもたせるからこそ、従業員たちは自然に「紳士淑女」に沿って学び、成長していくのです。

ブレない生き方をしようと思えば、まず「私は〇〇です」と言えるアイデンティティーをもつことが必要です。自分がそうなりたい姿、なるべき姿を明確にし、そうなるために日々努力していけば、いつかはそれが自然な自分自身の姿になるのです。

6 どんな仕事でも活用できるクレド

〝クレドの精神は、部署、職業の垣根を越える〟

一般的にホテルの仕事といえば、お客様の宿泊と食事のお世話をするというイメージがあると思いますが、実はお客様には見えないところで、様々な人が仕事をしています。クレドは、そんな様々な職業の集合体の中で生まれ育った精神です。

そのため、普段ほとんど共通点がないような他部署の人が相手であっても、お互いがクレドの精神を身に付けていれば、すごくスムーズに仕事を進めることができます。

また、クレドの精神は、リッツのようなホテルやサービス業においてだけでなく、様々な業種で活用できるものなのではないかと思います。

リッツを例にとっても、宿泊、飲食、スパやスポーツジム、ブティックといった表向きの仕事の他に、エンジニア（機械設備修理）からカーペンター（大工）まで、お客様と直接お会いすることはないスタッフも数多く所属しています。

そして、共通しているのは、どの部署でもクレドカードを携帯して活用しているため、仕事を依頼する時もとても話が早いことです。

むしろ話をしないでもいいのではないかと思ってしまうくらい、私たちサービススタッフの先を読み、お客様の先を読んで仕事をされていました。

◆どの仕事にも共通していること

たとえば、破れてしまったロビーラウンジのソファーをカーペンターに持っていった時の話です。

返ってきたソファーが、新品より新品らしくなっただけでなく、

「ホテルの備品（机、椅子など）は、外国製ばかりだから、ちょっと、変えといたよ」

と言うのです。

実際に座ってみると、ソファーに座るお客様をイメージして修理してくださったせいか、確かに座り心地が良くなっていました。

そしてさらに驚いたのが、

「このソファーは、座るとクッションの中心が沈む割に、ソファー自体の高さはそんなにないから、膝が腰より高めになるやろ？

脚を閉めた状態をキープするには意識せんといかんソファーやからなあ、スカート穿《は》いた人は中が見えやすいし、ソファーが置いてある場所によっては、何か、ナフキンでもいいから、隠すもん、ちゃんと渡してるか？」

と、私に聞いてくださったのです。

私が感心して、

「まさに紳士であり、クレドの精神ですね」

とそのカーペンターのスタッフに言ったところ、

「あほか。当たり前や。家を建てる大工も、住む人と100年先の家を考えて家を建てるんやぞ。ホテルに来るお客さんのこと、考えんと仕事なんかできるわけないやろ。カーペンターもリッツの従業員やぞ」

と怒られてしまいました。

クレドは、接客しているサービススタッフだけの物ではなく、裏方スタッフも何度も読み返し、自分たちの仕事に当てはめられるように活用していた物だったのです。

クレド

クレド（信条）、モットー、従業員への約束、サービスの3ステップ、ザ・リッツ・カールトン・ベーシック

Credo

-credo, a motto, the promise to an employee,three steps of service, The Ritz Carlton basics-

クレド（信条）

リッツ・カールトン・ホテルは
お客様への心のこもったおもてなしと
快適さを提供することを
もっとも大切な使命とこころえています。

私たちは、お客様に心あたたまる、くつろいだ
そして洗練された雰囲気を
常にお楽しみいただくために
最高のパーソナル・サービスと施設を提供することをお約束します。

リッツ・カールトンでお客様が経験されるもの、
それは、感覚を満たすここちよさ、
満ち足りた幸福感
そしてお客様が言葉にされない
願望やニーズをも先読みしておこたえする
サービスの心です。

モットー

〝We are Ladies and Gentlemen Serving Ladies and Gentlemen〟

（お客様にサービスを行う私たち従業員自身も紳士淑女です）

サービスの3ステップ

1
あたたかい、心からのごあいさつを。
お客様をお名前でお呼びするよう心がけます。

2
お客様のニーズを先読みしおこたえします。

3
感じのよいお見送りを。
さようならのごあいさつは心をこめて。
できるだけお客様のお名前をそえるよう心がけます。

従業員への約束

リッツ・カールトンでは
お客様へお約束したサービスを
提供する上で、紳士・淑女こそが
もっとも大切な資源です。

信頼、誠実、尊敬、高潔、決意を
原則とし、私たちは、個人と会社の
ためになるよう、持てる才能を育成し、
最大限に伸ばします。

多様性を尊重し、充実した生活を深め、
個人のこころざしを実現し、リッツ・カールトン・ミスティーク
（神秘性）を高める…
リッツ・カールトンは、このような
職場環境をはぐくみます。

ザ・リッツ・カールトン・ベーシック

1. クレドは、リッツ・カールトンの基本的な信念です。全員がこれを理解し、自分のものとして受けとめ、常に活力を与えます。

2. 私たちのモットーは、「We are Ladies and Gentlemen Serving Ladies and Gentlemen」です。私たちはサービスのプロフェッショナルとして、お客様や従業員を尊敬し、品位を持って接します。

3. サービスの3ステップは、リッツ・カールトンのおもてなしの基盤です。お客様と接するたびに、必ず3ステップを実践し、お客様に満足していただき、常にご利用いただき、ロイヤルティを高めましょう。

4. 「従業員への約束」は、リッツ・カールトンの職場環境の基盤です。すべての従業員がこれを尊重します。

5. すべての従業員は、自分のポジションに対するトレーニング修了認定を受け、毎年、再認定を受けます。

6. カンパニーの目標は、すべての従業員に伝えられます。これをサポートするのは、従業員一人一人の役目です。

7. 誇りと喜びに満ちた職場を作るために、すべての従業員は、自分が関係する仕事のプランニングにかかわる権利があります。

8. ホテル内に問題点（MR.BIV）がないか、従業員一人一人が、いつもすみずみまで注意を払いましょう。
※M（mistake）ミス　R（rework）やり直し
B（broken-down）破損　I（inefficiently）非効率　V（variation）ばらつき

9. お客様や従業員同士のニーズを満たすよう、従業員一人一人には、チームワークとラテラル・サービスを実践する職場環境を築く役目があります。

10. 従業員一人一人には、自分で判断し行動する力が与えられています（エンパワーメント）。お客様の特別な問題やニーズへの対応に自分の通常業務を離れなければならない場合には、必ずそれを受けとめ、解決します。

11. 妥協のない清潔さを保つのは、従業員一人一人の役目です。

12. 最高のパーソナル・サービスを提供するため、従業員には、お客様それぞれのお好みを見つけ、それを記録する役目があります。

13. お客様を一人として失ってはいけません。すぐにその場でお客様の気持ちを解きほぐすのは、従業員一人一人の役目です。苦情を受けた人は、それを自分のものとして受けとめ、お客様が満足されるよう解決し、そして記録します。

14. 「いつも笑顔で。私たちはステージの上にいるのですから。」いつも積極的にお客様の目を見て応対しましょう。お客様にも、従業員同士でも、必ずきちんとした言葉づかいを守ります。(「おはようございます。」「かしこまりました。」「ありがとうございます。」など)

15. 職場にいる時も出た時も、ホテルの大使であるという意識を持ちましょう。いつも肯定的な話し方をするよう、心がけます。何か気になることがあれば、それを解決できる人に伝えましょう。

16. お客様にホテル内の場所をご案内する時には、ただ指さすのではなく、その場所までお客様をエスコートします。

17. リッツ・カールトンの電話対応エチケットを守りましょう。呼出音3回以内に、「笑顔で」電話を取ります。お客様のお名前をできるだけお呼びしましょう。保留にする場合は、「少しお待ちいただいてよろしいでしょうか？」とおたずねしてからにします。電話の相手の名前をたずねて、接し方を変えてはいけません。電話の転送はなるべく避けましょう。

18. 自分の身だしなみには誇りを持ち、細心の注意を払います。従業員一人一人には、リッツ・カールトンの身だしなみ基準に従い、プロフェッショナルなイメージを表す役目があります。

19. 安全を第一に考えます。従業員一人一人には、すべてのお客様と従業員に対し、安全で、事故のない職場を作る役目があります。避難、救助方法や非常時の対応すべてを認識します。セキュリティに関するあらゆる危険な状況は、ただちに連絡します。

20. リッツ・カールトン・ホテルの資産を守るのは、従業員一人一人の役目です。エネルギーを節約し、ホテルを良い状態に維持し、環境安全につとめます。

※これらは筆者が働いていた当時の内容であり、現在は変更されています。

第3章

リッツ・カールトンで経験した「モチベーションを高める環境作り」

How to create environments to raise people's motivation
that I have learned at The Ritz-Carlton.

1 やる気が出る職場とは

“従業員のモチベーションを上げる、リッツならではのエンパワーメント”

経営者が抱える悩みの1つに、「どうすれば従業員のやる気を引き出すことができるか」というものがあります。

戦後の貧しい時代でしたら、仕事があり、給料さえもらえれば、従業員は満足して会社に感謝してくれたかもしれません。しかし、物質的に満たされた現代では、話はそう簡単にはいきません。

「日本のホテルは素晴らしいが、楽しんで仕事をしているように見えない。楽しまなければ、最高のサービスはできない」

リッツの元社長シュルツ氏が言ったとおり、良い仕事をしてもらいたいなら、従業員が楽しんで仕事をすることができる環境を整えなければいけません。

では、どうすれば従業員の満足度を高め、楽しんで仕事をしてもらえるようになるのでしょうか？

あなたが経営者だとしたら、「従業員のモチベーションを上げるために、従業員に対してできること」を考えた場合、まず何をしたら良いと思いますか？

恐らく、真っ先に浮かんだのは、

「給料を上げる」

「休みを増やす」

この2つではないかと思います。

しかしリッツでは、全く異なる手法が採られていました。

「従業員を紳士淑女として育てる」
「従業員同士もお客様として接する」
「もてる才能を育成し最大限に伸ばす」
「若い従業員でもアイデアを出す機会と責任ある仕事を任せる機会を与える」
「会社の夢に参加させる」
「従業員の夢の手伝いをする」
「仕事＝喜びを教える」
「仕事にプライドと喜びをもたせる」

などなど、挙げればいくつもあります。まずはこのように、仕事を通して従業員のやる気を引き出す方法や仕組みを考えることが大切です。

このような仕組みは、最初こそ会社がシステムを作らなければなりませんが、一度定着してしまえば、後は向上心に火がついた従業員が勝手に機能させ、進化させてくれます。

◆従業員のやる気を引き出す3つの権利

そんな従業員のモチベーションを高める仕組みの中でも、「これぞリッツならでは」と言うべきものがあるのでご紹介しましょう。それは従業員に認められている「3つの権利」（エンパワーメント）です。

1．上司の判断を仰《あお》がずに自分の判断で行動できること
2．セクションの壁を越えて仕事を手伝う時は、自分の通常業務を離れること
3．1日2000ドルまでの決裁権が従業員にあること

なぜ、この3つの権利が従業員のモチベーションを高めるか分かりますか?

あるスタッフを例に、その秘密をお話ししたいと思います。

私がロビーラウンジで勤務していた時のことです。

後輩の棚沢さんが、お客様に、「アフタヌーン・ティー・セットについてるイチゴ用に練乳が欲しい」と言われました。

しかし、ロビーラウンジには練乳はなく、購買部やペストリー（デザート部門）にも確認しましたが扱いがなかったため、その日は提供ができませんでした。

するとは彼女は、彼女自身の即決で、

「次、ご来店される際には、必ずご用意いたします」

とお客様に約束しました。そして次の日、

「スーパーで練乳を買ってきて、冷蔵庫に入れておきます。お客様に頼まれたスタッフは、出してください」

とスタッフ引継ぎ帳に書き込みました。

棚沢さんは自腹で練乳を購入しようとしていましたが、それを聞いた職場の仲間たちが、練乳代をチップ貯金箱から棚沢さんに渡しました。

私たちは、お客様からいただいたチップを個人のものにするのではなく、職場で必要になった時に使えるように貯金箱を作って集めていたのです。そこからスタッフの誕生日プレゼントを購入したり、勉強会と称してビール工場の見学やレストランに行ったりもしていました。そして今回のように、お客様のために必要なものを購入するのにも使っていました。お客様からいただいたチップはお客様に還元です。

数日後、練乳のお客様が来店されました。

その日、棚沢さんはお休みだったため、彼女の先輩だったスタッフが対応し、彼女のエピソードをお客様に話しました。すると、お客様は感激してチップを下さいました。

お客様に練乳はないかと尋ねられた時、棚沢さんは、すぐに部署を越えた確認作業を行い、相手の部署も自分たちの仕事があるにもかかわらず快く彼女の依頼に応じました（2．セクションの壁を越えて仕事を手伝う時は、自分の通常業務を離れても良い）。

それでも、練乳が手に入らなかった彼女は、上司に判断を仰ぐことなく、お客様に必ず次回は練乳を用意すると約束しました（1．上司の判断を仰がずに自分の判断で行動して良い）。

そう、「3つの権利」は、お客様にとって最善だと思ったことを、従業員が自らの判断で思う存分行うことができる権利なのです。

そして、彼女は3つ目の権利で1日2000ドルまで使用することができました。

もちろん、練乳もそこから費用を出すことができたはずです。

しかし、彼女は自分で買ってこようとしました。お客様に対して、「自分がもてなしたい」という気持ちを持ち、また会社に対して「働かせていただいているのだから」という感謝の気持ちをもっていたからです。

◆日ごろの訓練が仕組みを上手く機能させる

この「3つの権利」（エンパワーメント）については、「リッツだから機能するんだよ」と思われる方もいらっしゃるでしょう。

確かに、いきなり会社から、

「1日2000ドルをお客様のために使っていいですよ」

と突然言われても、正直、困ってしまうでしょうし、従業員がみんな棚沢さんのような仕事の取り組み方をしているとは限りません。

「1日2000ドルの決裁権があるから、私の顧客は料金タダにしよう。だって、上司の判断を仰がずに1日2000ドル使っていいんでしょ？」

などと言うスタッフが出てきてもおかしくありません。

そこで重要になってくるのが、「クレドを元に行動するための仕組み」（Ｐ83）でもお話しさせていただいた「ラインナップ」です。

ラインナップは、クレドに記されていることを、ありとあらゆる場面で行うことができるように、様々な場面を想定して、そこでクレドに沿ってどのように行動するかを議論する場でした。

エンパワーメントもクレドの中に記されていることですので、同様に、ありとあらゆる場面をラインナップ時にシミュレーションし、エンパワーメントを使う際の動機、判断基準、答えをいくつも用意していました。

リッツ・カールトンのスタッフが、他のホテルのスタッフよりも、様々な場面でのサービスに対しての答えやアイデアをもっていて、咄嗟の判断で躊躇なく行動できるのは、ラインナップで答えやアイデアを既にイメージできているからです。

日頃からあらゆる質問を投げかけられ、疑問をもつ癖があり、それを経験豊かな先輩、上司と毎日ディスカッションすることで、イメージの中でですが、その答えを教えられているからなのです。

2 相手の自然な姿を引き出す方法

〝面接で引き出されてしまう個人のポジティブキャラクター〟

「採用面接」と聞いて、みなさんはどのような状況を想像されますか？　ずらりとならんだ面接官が少し意地悪な質問を投げかけてくる、というような圧迫面接の話を思い浮かべる方も少なくないかもしれません。このような面接は、マニュアルで武装した面接者の真の姿を見るために行われることが多いようです。

私はリッツ・カールトンで最終面接を受けた時、とても晴れ晴れとした気分になりました。すべてをやりきり、自分の真の姿をさらけ出せたと感じられる面接だったからです。

とはいえ、決してリッツで圧迫面接を受けたわけではありません。むしろ、私はもし落ちてしまったとしても、客として一度はリッツに泊まってみたいと思ったくらいです。

リッツがいかにして、面接の場で受験者の本音を引き出し、また会社のイメージアップまで成し遂げてしまうのかをご紹介したいと思います。

◆受けることで会社が好きになってしまう面接

私が受験した時は一次面接は電話でした。

「最近身近な人を喜ばせたことはありますか？」

「何をしている時が楽しいですか？」

ホテル内での出来事に関してではなく、日常の出来事に関する質問が多かったと記憶しています。そしていくつかの質問に解答した後、その場で最終面接に進めることを伝えられました。

数日後、私は緊張しながら最終面接の会場へと足を踏み入れました。

面接官は２人の男性でした。私の緊張を解《ほぐ》そうとしてくださったのでしょう。お二人はとてもフレンドリーな笑顔で迎えてくださいました。

「ようこそ、よくいらっしゃいました。本日はよろしくお願いします」

お二人の笑顔に私も自然と笑顔が出ます。

お二人から質問を受け、私が答える、というごく一般的な方法で面接は進んでいきました。そして、いつの間にか私はすっかりお二人の発するフレンドリーな空気に取り込まれていたのでしょう。

「尊敬する人はいますか?」

という質問に対して、私は思わず答えてしまいました。

「北斗の拳の主人公のケンシロウです」

そして、高級ホテルの面接で戦闘漫画の主人公について熱く語ってしまったのです。

「主人公のケンシロウは、どんな絶望の淵にいても、愛を信じ、愛のために傷つくことを恐れず、命を懸け、愛のために生きた漢《おとこ》です。私もそんな漢になりたい!」

お二人は、呆れた顔1つせず話を聞いてくださいました。そして笑顔で、

「素晴らしい方ですね。清水さんも頑張ってください」

と仰ってくださいました。

そして最後の質問になりました。

「本日、起床してから今までのことを英語で説明してください」

英語があまり得意ではなかった私はとても焦りました。

どうしよう、でも、やるしかない！

焦りから簡単な英単語を並べることしかできませんでしたが、なんとか英語での説明を行いました。

私の説明は文章にすらなっていなかったのではないかと思いますが、それでもお二人は笑顔で聞いてくださいました。そしてステキな笑顔で面接官の1人が言いました。

「すみません、実は英語力を試させていただいたのではなく、諦めずに最後までやり遂げる人なのかを見させていただきました。今後も、その姿勢を大切に頑張ってくださいね」

あの時のお二人の笑顔を、私は一生忘れることはないでしょう。

面接会場を出た時、とても清々しい気分になりました。

それまでにも面接を受けた会社は数社ありましたが、リッツほど、「この会社で働きたい」と面接後に思った会社はありませんでした。

それまでの私は面接で、素の自分をリクルートスーツに押し込み、自分が考える「その会社に好かれそうな人材」を演じていました。

しかし、リッツの面接では、自分をすべてさらけ出すことができたのです。悔いもなく、もし内定をいただけなかったとしてもリッツのことは好きになれた、そう思いました。

◆面接の受験者もお客様として扱う

その後、無事内定をいただいた私はリッツで働くことになりました。

働き出してから面接をしてくださったお二人、料飲部加藤次長と四方《しかた》副総支配人と話す機会があり、その際に採用の裏話を2つ教えていただきました。

1つ目は、なぜ全くホテルやレストランで働いた経験がない私が採用されたのか。お二人がおっしゃるには、リッツではキャリアや資格よりも、個人のキャラクター、人間性を重視して採用を行っているとのことで、はっきりしたことは聞けませんでしたが、私の人間性を買ってくださったようでした。

もう1つは、面接を受けに来た私を、「お客様」として扱ってくださっていたということです。

決して見下したりせず、丁寧に接してくださったからこそ、まだ日本では開業さんしていなかったリッツを好きになってしまったのだと思います。

◆心を開いてほしいなら、まず自分から開く

私も面接をする側になってはじめて分かったことなのですが、採用面接では、相手の本当の姿が分からなければ選びようがありません。

面接を受けに来る人は、当然内定を得たいと考えているので理論武装をしてきます。

しかし、その武装した部分だけを見ていると、本当に求めている人財（リッツでは人材のことを「人財」と呼んで人を大切な会社の財産であると考えています）ではない人を採用してしまう可能性がありますし、新卒の学生の場合、本人が本当にその仕事に向いているのか、分からないまま就職してしまうことも少なくありません。

気付かないまま雇用してしまうと、本人も会社も「こんなはずではなかった」とく

スマッチを嘆くことになってしまいます。

初対面の人間同士の場合、相手は自分の鏡になります。

たとえば、サービス側が笑顔で接客すれば、お客様も笑顔になってくださいますし、フレンドリーな接客をすれば、お客様もフレンドリーに接してくださいます。

あなたが相手に心を開いてほしいなら、まずはこちらから心を開かなければいけません。

面接官のお二人が心を開いてくださったからこそ、私も気付かぬうちに心を開いてしまい、本来の私のキャラクターが引き出されてしまったのです。これがリッツの、「人財」を得る面接術だったのです。

3

同僚もお客様として扱う

〝喜びと感謝の好循環が
心のこもったサービスを生み出す〟

職場の人間関係を良くするために、親睦会という名の飲み会やスポーツ大会、旅行などを企画したことがある経営者や職場の責任者の方、いらっしゃいませんか？

そして、折角イベントを開催したにもかかわらず、思っていたよりも出席率が悪くて、新たな悩みを抱えてしまったりしていませんか？

確かに、仕事を行うのは人間同士なので、職場における人間関係が良好であることはかなり重要なことです。

陰口や足の引っ張り合いが横行している、そこまでいかなくとも、お互いに無関心で誰かが困っていても手を差し伸べることもない。そのような職場では作業効率も悪く、人間関係に心が折れて、やる気も失われてしまいます。

反対に、お互いを思いやり、困ったときは誰かから助言をもらえ、いつもみんながにこやかに仕事をしているような職場ならば、やる気も湧き、社員の定着率も良くなるというものです。

それでは、どうすれば人間関係を良好にしていくことができるのでしょうか？

◆クレドには書かれていないけれど現場で大事にされていたこと

私は、イベントというのは、日頃の成果が発揮される場だと考えています。

たとえば、音楽イベントならば、集客の成功の鍵は、イベントまでにどれだけ認知度を上げることができるか、また奏でる音楽も、日頃の練習をどれだけ積んできたかが左右します。

それは人間関係も同じです。日頃の積み重ねが大切なのです。毎日当たり前のこととしてこなしている〝習慣〟が、実はすべてを決定づけているのです。第2章の「クレドを元に行動するための仕組み」（P83）でもお話ししたとおり、「習慣の質が結果の質」になります。

リッツではスタッフの習慣を向上させるために、スタッフに「クレドカードから質問をもらい、明確な答えをもらい、実践する原動力をもらう」ということを行っていたことは既にお話ししました。

ここでは、クレドには書かれていないものの、リッツの現場でとても大切にされていた「従業員同士もお客様」というリッツ哲学をご紹介したいと思います。

私はリッツがオープンする前に行われたトレーニングで、この「従業員同士もお客様」という考えを教わりました。

当時の私は、わざわざ従業員同士でもお客様同士として扱うのは、お客様と接する際のためのトレーニングのようなものなのだろうと考えていました。

「身近な人（従業員）のニーズを先読みできない者が、お客様のニーズを先読みできるわけがない」という考えのもとに、従業員同士で日頃から鍛錬を重ねているのだろうと解釈していたのです。

しかし、この解釈は、間違っているとまではいかないものの、本質とは外れていました。リッツの「従業員同士もお客様」という哲学の本質は、もっと深いところにあったのです。そのことが分かったのは、リッツ・カールトン大阪がオープンして数カ月後のことでした。

リッツでは、スタッフの誕生日をスタッフ全員にインフォメーションするシステムがあります。

そしてその日に誕生日を迎えるスタッフがいれば、お客様にリッツミスティークを行っているのと同様に、ここぞとばかりにお祝いを行う習慣が、リッツ大阪オープン後すぐに確立されました。

特に女性スタッフの誕生日には、職場にいきなり部長クラスの上司が現われ、その上司自ら手渡しで誕生日のスタッフに大きな花束を贈っていました。

それが合図のように、みんなでハッピーバースデーの大合唱を行います。事前の打ち合わせなどは全くありませんでしたが、当然のようにみんなが参加して行っていました。

お祝いをしてもらったスタッフの中には、感動のあまり泣き出す人もいました。

お祝いをしてもらったスタッフは嬉しくなります。そしてお祝いしてくれた人に感謝し、また、嬉しかったことを他の誰かにもしてあげたくなります。するとと、新たにお祝いをしてもらった人にも同じ効果が現われます。こうして好循環が生まれるのです。

その循環の中で、いつの間にか男性スタッフの誕生日も、職場の仲間や同期たちがケーキを用意したり、シャンパンを用意してお祝いすることが自然に行われるようになりました。

当時は、同期のスタッフのほとんどが実家を離れ一人暮らしをしていたため、リッツ・カールトンファミリーの一員だと感じることができるこのイベントには感激したものです。

◆相手を思いやり、大切にする習慣が円満な関係をつくる

このようにして、いつの間にか「誰かをお祝いすることが好き」というスタッフが

増えていったように思います。

「お祝いすることが好き」「誰かを喜ばせることが好き」、そう心から思えるスタッフだからこそ、心のこもったサービスを行うことができるのではないでしょうか？

私は、「従業員同士もお客様」というリッツの考え方は、お互いを幸せにするホスピタリティだと思います。

このようにホスピタリティにあふれた職場ならば、あえて親睦会を開催しなくても人間関係は良好になります。今、あの時を振り返り、上司がリーダーになってこの好循環のキッカケを作ってくださっていたことに感謝しています。

また、リッツで学んだこのホスピタリティは、職場だけではなく、すべての人間関係において活用できるものでした。家族との関係性でも、恋人や友人との関係においても、お互いを思いやり、大切にする習慣が、円満な関係をつくり上げるのです。

相手が何を求めているのかを察知して、身近な人から喜ばせることは、自分の人生を豊かにする第一歩なのです。

4 「大切にされている」と実感してもらう

〝辛い時、大変な時、
その気持ちを察して、フォローしてくれた相手のために、
「頑張ろう」と思わない者はいない〟

病気や怪我で休職しなければならなくなってしまったという話は、ホテル業に限らずよくある話だと思います。

そんな時、会社と休職者の間には気まずい空気が流れることになります。

休職者に対し会社が「人手が足りないのに抜けられては困る」と不満を抱くこともあるでしょうし、休職者は「会社に迷惑をかけて心苦しい」「会社を解雇されたり、左遷されたらどうしよう」と不安を感じるからです。

しかし、こんなピンチが、実は社員のモチベーションを高めるチャンスになることがあるのをご存知ですか？

◆不安と焦りが募る休職

実は私は、リッツ在職中に9カ月もの長期間にわたり休職したことがあります。椎《つい》間板《かんばん》ヘルニアによる激痛のため、仕事ができなくなってしまったためです。

腰の痛みはかねてより感じていたのですが、だましだまし仕事を続けていたところ、ある日遂に、厨房と客席フロアの間の通路で激痛を覚え、うずくまってしまいました。

腰痛というのはホテルマンにとっては職業病のようなものなのですが、その時の痛みはそれまで感じていたものとは全く違う、想像を絶する痛みでした。

すぐに病院に行ったところ、椎間板ヘルニアであると診断されました。その時は、ヘルニアはそんなに出ていないので、痛みが落ち着くのにそこまで日数がかかることはないだろう、と医者に言われ、そのまま上司に伝えました。

すると「早く治した方がいい」と言っていただいたので、しばらく会社を休ませていただくことにしました。この段階では、私もすぐに戻れるだろうと楽観的に考えていました。

しかし、「大した症状ではない」と診断されたにもかかわらず、症状はなかなかよくなりません。1週間、2週間と休みが延び、私の焦りは募《つの》っていきました。

こんなに時間がかかるのはおかしい、何か他にも原因があるのではないか。一刻も早く治したいという思いから、私は他の病院でも診察してもらうことにしました。しかし、下された診断は1軒目のものと同じものでした。この時点で既に休職してから1カ月半が経っていました。

会社に対して申し訳ないと思うのと同時に、一体これからどうなってしまうのだろうかと不安になりました。

きちんと仕事ができる身体に戻ることができるのか？　戻れるとしてもどれぐらいの時間がかかるのか？　いつまで休職できるのか？　考えれば考えるほど憂鬱になります。

椎間板ヘルニアのように外傷がなく、長年の疲労などの蓄積で症状がでるようなものは、なかなか労災として認定してもらえません。

両親も、

「会社なんて本来冷たいものだ。早く治して職場復帰しなければリッツを解雇されてしまうのではないか」

と青い顔をしています。

私自身も、「ここで解雇されたら、リッツ大阪オープンの時から努力して積み上げてきたことが無駄になってしまう」と気が気ではありませんでした。

効果があると聞いた薬や民間療法は片っ端から試しました。なんとか早く復帰しなければという思いでいっぱいで、とにかく早く良くなる方法をと言ってリハビリの担当者を困らせました。しかし、なかなか効果は出ず、私と家族の焦りは募るばかりでした。

◆会社がただの会社以上の存在になるとき

休職して2カ月になろうとしていた時のことです。私の実家に1本の電話が掛かってきました。電話を取ったのは私の母でした。

「お母様ですか？　リッツ・カールトン大阪の料飲支配人をしています、冨田と申します」

ついに解雇の警告が来た！　と母はこの時思ったそうです。

「はい、この度は大変ご迷惑をおかけして申し訳ありません」

すると、冨田料飲支配人は逆にこう答えたそうです。

「いえいえ、こちらこそ、大変申し訳ございませんでした。息子さんの職場復帰の件で、お母様、お父様に心配を掛けてしまったそうですね。大変申し訳ありません。

結論から言いますと、会社は息子さんを解雇することはありません。彼は誰よりも仕事を頑張り、その結果、腰を痛めてしまいました。その責任は会社にあります。彼を解雇するどころか、粗末に扱うことはできません」

そして冨田料飲支配人はこう続けてくれました。

「職場復帰できるまで会社は彼を待ちますので、焦らずに治療に専念するようにお伝えください。彼はリッツ大阪にとって、なくてはならない存在です」

私と私の両親が不安を抱えていることを知った先輩が、冨田料飲支配人にそれを伝え、料飲支配人がわざわざ不安を取り除くために連絡してくださったのだと、後から教えてもらいました。

私は改めて他の病院にも行ってみることにしました。そうして、休職から4カ月後、

7軒目の病院でやっと腰痛の専門医師に診ていただくことができ、正確な症状を知ることができました。

一見ほとんどヘルニアが出ていないように見えていた私の症状は、実は激痛の出やすい重い症状であることが分かり、手術をするようすすめられたのです。

その1カ月後、急激に腰の痛みがひどくなったため、私は手術をするために緊急入院をしました。

入院中に23歳の誕生日を迎えた私に、リッツから封筒が届きました。

中身は当時の総支配人、副支配人、総料理長、副総料理長、料飲支配人、その他、大勢のメッセージが書かれたバースデーカードでした。

母は嬉し泣きをしながらそのカードを見せてくれました。私はそのカードを見ながら、

「泣くなよ、オカン。オレが女性社員やったら、カードだけじゃなく花束も届いてるわ。ホンマに男は損な会社や」

などと照れ隠しをしました。

もちろん、職場復帰したら、これまで以上に頑張ろう。同僚が同じような悩みを抱

えていたら一番に気付いて、気を使える人になるための経験を神様とリッツからいただいたんだ。だから、もっと会社に貢献できる社員になろう。そう心に決めました。

このように、リッツは休職中の生産性のない社員に対しても、社員の気持ちを察し、家族のように接してくれる会社でした。

このことがあってから、私にとっても、私の両親にとっても、リッツ・カールトンはただの「会社」以上の存在になりました。

今、私は自分の経営しているバスティアンのスタッフに対して家族のように接し、社会人、ひいては人として育てることを大切な仕事だと考えています。

5

垣根を取り払う

〝感謝の気持ちを伝え、交流を生み出す「ファーストクラスカード」〟

ある程度以上の大きさの会社では、他部署とのセクショナリズム（部署ごとに独自の利益を追求し、他部署に対して排他的になってしまっている状況）があるのは珍しくないことでしょう。

実際、私がリッツを辞めた後、派遣で働いたホテルはどこもセクショナリズムがありました。部署内の仲間意識が高いことは良いことですが、それが元で他部署と揉め事を起こしていては元も子もありません。

リッツでは、他部署とのコミュニケーションを取ることがシステム化されていたため、セクショナリズムは全くといって良いほどなく、部署を越えた仕事も非常にスムーズに行うことができていました。

部署同士のチームワークを強化するために、どのようなシステムがあったのかご紹介したいと思います。

◆みんなで感謝を伝えることで、部署間の連携を高める

部署間の連携を高めていたシステム、それは、感謝の気持ちを伝える「ファーストクラスカード」です。

他部署の人に仕事を手伝ってもらった時、感謝の意味を込めてこのカードに感謝の言葉とヘルプしてもらった日時を記し手渡します。カードは手渡される前にコピーされ、コピーは人事部にまわされて人事査定の参考資料として使用されます。相手に最大級の感謝の気持ちを示す、という意味で「ファーストクラス」カードと呼んでいるようです。

最近、このシステムを導入するホテル、会社が増えてきました。私もバスティアン

のカウンターで、元リッツのスタッフということを知っていらっしゃるお客様とお話ししている時に、何度か話題に上がったことがあります。

「私の会社でも導入しました」とおっしゃる方には、折角のシステムを有効活用していただきたいのでお話しさせていただいていることがあります。

リッツで実際に行っていた、「ファーストクラスカード」の効果をより高める方法です。

とても簡単なことで、ファーストクラスカードを2枚コピーして、人事部に提出するだけでなく、自分の部署の人の目のつくところにも貼りだしておくだけです。

この手軽な一手間が、大切なことを疎《おろそ》かにしないためには重要なのです。


たとえば、私がリッツ内のイタリア料理店スプレンディードで働いていた時のことです。

ルームサービスのAさんが、スプレンディードの朝食のヘルプに来てくれました。

スプレンディードのマネージャーは、Aさんにファーストクラスカードを渡し、コピーを人事部に提出した後、もう1枚とっておいたコピーをスプレンディードのバックヤードに貼りだしておきました。

なぜなら、その日の朝食に出勤していなかったスプレンディードのスタッフたちがそれを見てからAさんに会えば、Aさんに感謝の言葉を送ることができるからです。従業員食堂でも、ロッカーでも、感謝を伝えることができます。もちろん、ラインナップの際にもインフォメーションされます。

つまり、スプレンディードのスタッフ全員がAさんに感謝の言葉を送るのです。

その結果、部署間のコミュニケーションが「ありがとうございました」という感謝の言葉から始まり、他部署との交流に好循環が生まれていきます。

「ファーストクラスカード」に関して、バスティアンでお客様からよく質問されることがあります。「ファーストクラス」という言葉が日本人にはどうもシックリこないのか、

「感謝状って呼ぶことにしている」

「露骨だけど『人事査定参考カード』ってのは、どう？　リッツの人に怒られる？」

私は、「ファーストクラスカード」という英語の名称にそこまでこだわらなくても

いいのではないかと考えています。本質さえブレなければ、形ややり方は各々の会社の形式に変化させても良いと思うのです。

「ファーストクラスカード」の本質は、わざわざ他部署からヘルプに来てくれたスタッフに対して、ヘルプしてもらった方のスタッフ全員が感謝の気持ちを伝えることと、会社はそんなスタッフを正当に評価すること。そして、結果的には感謝の言葉から部署間のコミュニケーションを引き出しセクショナリズムを生み出さないようにすることです。

たった1枚のカードですが、気持ちが伴えば全体のコミュニケーションを円滑化することができます。あなたの会社でも取り入れてみてはいかがでしょうか?

6

信頼して任せる

〝リーダーは、未来を示し、未来を創る〟

責任感をもって、積極的に仕事に取り組んでほしい。上司なら、誰しもが部下に対して望むことではないでしょうか。しかし、残念ながら、はじめから自発的に仕事を見つけ、行動することができる人はあまりいません。

リッツでは、多くの社員が自ら進んでお客様のためにより良いサービスを行うという風土がありました。

新入社員であっても、お客様のためになると思ったことは積極的に取り組むことが求められ、またそれを支援する仕組みがたくさんあったからこそ、そのように行動できる人が多く育っているのではないかと思います。

ここでは、そんな、社員のやる気を引き出し、自発的な行動を促す考え方の1つをご紹介したいと思います。

◆リッツでは、新人でもリーダーになることができる

〝リーダー〟

誰もが聞き慣れた言葉であると思います。しかし、ほとんどの方は「責任者」や「グループ、組織のトップ」と解釈されているのでないでしょうか？

リッツでは、

「リーダーは、未来を示し、未来を創る」

と教えていただきました。そして、この〝リーダー〟こそリッツの「やる気の出るシステム」の1つです。

リッツの〝リーダー〟は、責任者やグループ、組織のトップではなくてもなることができます。たとえば社会人1年目の新人さえもリーダーになることができるのです。

新人をリーダーに任命し仕事を任せれば、その新人は責任感をもつようになり、プ

ロ意識も高まります。放っておいても勝手に仕事を見つけて成長していくようになるのです。

基礎的な技術を学ぶ「教育」が終わったら、新人にリーダーを任せてみてはいかがですか？　自発的な挑戦をさせてその人本人の能力を開花させる「育成」ができます。

私はリッツ・カールトン大阪のオープニングスタッフとして入社し、1カ月後にホテルオープンを迎えました。

当時、開店したばかりのリッツ大阪にはマニュアルもなく、変更や変化の連続でした。

たとえば、テーブルレイアウトや物を片付ける場所、レジの打ち方などはしょっちゅう変更がありました。

また、当時の私の主な仕事であった朝食ブッフェも、特にホテルの朝食の要《かなめ》であったこともあり、毎日のように変更がありました。

総料理長1名、副総料理長2名、レストランの料理長1名の計4人の料理長がブッフェの様子を見に来られて、4人が4人とも別の指示を出したこともありました。

ブッフェの仕事は大忙しです。料理がなくなる前にキッチンにオーダーを通し、少なくなった料理があればつぎ足します。パン、ジュース、ミルクの補充も欠かせません。

ブッフェ台の一部に鉄板焼きの台があり、料理人がお客様のために、お好みの目玉焼きやオムレツ、パンケーキ、ワッフルを焼くというサービスもあったので、その注文をとったり、でき上がった料理をお客様の席におもちしたりすることもありました。

また、料理人のアシスタントとして厨房に材料を取りに行ったりもしながら、混み合っている時には朝食時だけで1人で300人のお客様の対応をしていました。

そんな環境の中で、私は、「いつもお客様にできたての料理をブッフェで提供する」を自分のコンセプトに決め、厨房にあった補充用のお皿の置き場をブッフェ台の下に変更したり、リネンカート（使用済みのテーブルクロスやナプキンを入れる車輪付きの台）をランドリーから多めに借りてきて、それをバックエリア用のパンの補充台として使用してみるなど、ありとあらゆるものを利用して効率化を図っていました。

そのため、上司やシェフたちから叱られることもしばしばありました。

「リネンカートの上にパン置いてんじゃねー！」

など、何度お叱りを受けたか分かりません。

しかし、それにめげずに繰り返していくうちに、叱られるポイント、褒められるポイントがだんだん分かってきて、叱られる回数は少なくなっていきました。

もちろん、これから実行しようとしているアイデアを事前に相談すれば、叱られることはなかったでしょう。

しかし、４人の料理長に相談し承諾をしてもらっていては実行まで時間がかかってしまいます。また、仮に１人が承諾してくれても、あとの３人が却下するということもありえます。それが原因で料理長同士の間で確執が生じるよりも、新人の私が叱られて、すぐ実行できるのであれば実行してしまおう、と思っていました。

そして、気が付けば、このブッフェに関しては、新卒20歳だった私がほぼやり方を決め、他のスタッフにも伝えて私のやり方を実行してもらっていたのです。

先輩や上司は、

「ブッフェは清水に任せた。やりたいようにやれ！」

と私にすべてを任せてくださいました。

そして、いつの間にか私のアダ名は〝ブッフェ隊長〟になっていました。

ブッフェ隊長、すなわち「ブッフェリーダー」です。

「いつもお客様にできたての料理をブッフェで提供する」をコンセプトに、失敗し、あれこれ叱られながらも努力していたことをみんなが認めてくれたのです。

◆任せられることで人は成長する

人にすべてを任せる、ということは、意外に勇気がいることです。すべてを任せた部下が失敗してしまったとしたら、責任を取らなければいけないのは任せた上司だからです。

上からは叱られ、自分も、部下を叱るというあまり楽しくないことを行わなければなりません。

それくらいならいっそ、自分ですべてをやってしまった方が気が楽だ、と思われる方もいらっしゃることでしょう。

しかし、リッツでは、新人だった私を信頼し、すべてを任せてくれました。私の、たとえ叱られてもいいから、お客様のために誰もやらないことをやろう、という思いを汲み取ってくれたのです。地位も肩書きもない私を、間違えば叱りながらも、決して仕事を取りあげるようなことはしませんでした。

小さなことでも、何も分からない新人であっても、その人が責任を取る覚悟をもって夢を語っていたら、リーダーを任せてあげてください。その人は必ずさらにやる気を出し、プロジェクトを成功へ導く人間に成長するはずです。

7

問題点の認識を徹底する

〝リッツナンバー1マネージャーに学んだ職場の立て直しの基本〟

どのような業種でも、ビジネスである以上、生産効率を上げ、売上を上げて利益を生み出すことを目的としているはずです。

その手段の1つとして、職場環境の改善が図られることも少なくないことでしょう。そこで、こちらでは私がリッツ在籍当時、リッツ大阪でナンバー1マネージャーを務めていた大原さんから教えていただいた、職場環境改善に関する基本的な哲学をご紹介したいと思います。

当時大原さんは、リッツ大阪内の料飲部で売上が芳《かんば》しくない店や、問題のある店に異動し、そこを立て直したかと思うと、またすぐ売上が落ちている店に異動して立て直すということをしていました。

大原さんについて学んだことで、私はリッツ退社後、地元の飲食店4店舗の売上を1・5～2・5倍にし、自分の店を出す際に助けてくれる人々と巡りあうことができました。

このやり方は、新たに高額な設備を購入したり、優秀なスタッフを引き抜いてくる必要はありません。今ある設備、備品、今いるスタッフで、低コストで立て直すことができる方法ですので、あなたの職場や業務でも活用しやすいはずです。

◆過酷な職場スプレンディードを立て直せ

リッツ・カールトン大阪の開業時、一番エネルギーが必要だった職場、それは私が働いていたレストラン、スプレンディードだったと、今でも当時の同僚たちに言われます。

実際、当時のスプレンディードはありとあらゆる仕事が他部署よりも過酷で、在籍しているスタッフも多い職場でした。

オープンは6時30分、クローズは22時、営業時間は15時間半にも及びます。

しかも、朝食、ランチ、アイドルタイムにディナー、サパー、そして当時はレストランの一部でカフェ営業も行っていたため、覚えなければならないことが山ほどありました。

メニュー1つとっても、朝食だけでブッフェ料理に朝食セットメニュー2種類、朝食アラカルト、それがランチ、アイドルタイムのデザートブッフェ、アラカルト、ディナー、サパーと続くのです。

それに加えて、スタッフはリッツ大阪の開業に合わせて採用された20歳そこそこの新卒ばかり。当然みなレストラン未経験者だった上に、まずは社会人としての教育から、という状態でした。

そのため、リッツ大阪が開業してから数カ月経っても問題は山積みで、スプレンディードはなかなかレストランとして万全に機能することができていない状態でした。

そこで、そんなスプレンディードを立て直すべくやってきたのが大原さんでした。

◆ことあるごとに書かされる始末書と報告書

大原さんはまず私たちに、社会人としての常識から事細かく教え、徹底的に社会人としての認識を植え付けました。

その方法は、どんな些細《ささい》なことでも、始末書、報告書にする、というものでした。

たとえば、卓上の花が枯れていたというだけで、スタッフ全員が始末書を書いて提出させられたこともありました。

〝気付いているのならなぜ、取替えなかったのか？
気付いていなかったのなら、なぜ気付かないのか？
気配り、心配りが、なぜできていないのか？
気付いていて取替えようとしたら、その方法は？
今後、二度とこのようなことが起きないようにするには、どうすればよいか？〟

それらについて、ホテルのサービスマンとしての答えをまとめて記しました。

そして驚いたことに、その日に休みをとっていた私までこの始末書を書くように求められたのです。

スタッフ全員の連帯責任ということでした。

その他にも、

『報告、連絡、相談がなぜできないのか?』

『商品、顧客知識をなぜ、覚えないのか?』

『割れ物は、なぜ減らないのか?』

『ホテル経験者のスタッフは、なぜ新卒スタッフを社会人として教育しないのか?』

などなど、ことあるごとに始末書を書かされました。

「リッツ内のどの部署よりもうちの部署が大変だからだよ」、とスプレンディードのスタッフは思っていましたが、もちろんそんな発言が許される雰囲気ではありませんでした。

◆担当者を決めて問題解決に取り組む

また、大原さんは、具体的に問題を解決するために、担当者を決めて問題解決に取り組ませることも行いました。

たとえば、スプレンディードには当時このような問題点がありました。

・リネン（おしぼり、テーブルクロス、ナフキンなど）が、営業中に足りなくなる
・レストランの照明の電球が切れていることに誰も気付かない
・ブリケージ（割れ物）が多い

大原さんから担当者に任命されたリネン担当は、ストック数を見直し、また、テーブルで２、３日納品が遅れたとしても営業に影響のないよう、非常用リネンのストックを保管する場所を確保しました。

サービスクオリティの担当者は、照明電球だけでなくテーブルセッティングが整っているか、空調は調子良く動いているかといったことを、営業前に確認するためのチェックリストを作成することにしました。

そしてブリケージの担当者は、ブリケージレポートを作成することにしました。

ブリケージレポートには、本日のブリケージ数、今月のブリケージ数を提示することに加え、5W1Hでブリケージ時の状況を書き込みます。

Who——誰が？	清水が
What——何を？	コーヒーカップを
When——いつ？	朝食終了時の後片付け中に
Where——どこで？	洗い場のシンク内で
Why——なぜ(どんな目的で)？	洗剤で手を滑らせ
How——どうやって？	カップ同士を衝突させ破損させてしまいました

そして割ってしまった人はブリケージレポートに反省文を書きます。

もちろん、「すみません」や「これから気をつけます」という曖昧《あいまい》な言葉だけでは許されません。具体的に改善方法を記すことが求められました。

たとえば、コーヒーカップをいくつも重ねて洗っている時に、手に持って洗っていたカップをその上に落とし、下にあったカップが倒れて割れてしまったとします。

その場合は、

「これからは、カップを重ねる場合は3つまでにします。また、手が滑らないようにカップの取っ手を持って洗うようにします」

という具合になります。

当初、大原さんのスパルタな苦言はなかなかスタッフたちに理解されず、大原さんは皆から恐れられていました。

それでも、大原さんは根気強くスタッフに指導を行いました。私たちの先輩スタッフたちを毎日のようにレストランの裏方の小部屋に集め、「ホテルとは」「サービスとは」「社会人とは」ということを熱心に語ったのです。

また、「手間がかかり、無駄に時間を消費する」と評判の悪かったレポートと反省文も、成果が徐々に表れ始めました。

月1回の会議でブリケージ発生の多い場所、時間帯、だけでなく、その改善方法も発表することができるようになり、劇的にブリケージの数も少なくなったのです。

するとまず、大原さんから毎日話を聞いていた先輩スタッフたちが、大原さんの行動がミスを減らすために必要不可欠なものであったことに気付きました。

そして、それまではただ大原さんのことを恐れていた私たち新卒スタッフも、先輩スタッフからの指導を通じて、スパルタな大原さんの思いを汲み取ることができるようになり、職場全体が大原さんの理想に向かって動き出しました。

たとえば、新卒スタッフでさえも、何度も始末書や報告書を書いているうちに、問題点を発見し改善策を考えるという癖がついていきました。

そしていつの間にか、職場の全員が大原さんの基準に見合う社会人としての常識や、サービススタッフとしての高い感性、問題意識、改善方法を身に付けていたのです。

こうして、スプレンディードの問題点は、1つ1つ明確にされ、担当者が責任をもって改善策を考え、職場に根付かせていき、健康なレストランに成長することができたのです。

8

マニュアルは作成しても絶対視しない

〝新人の効率の良い教育方法とその活用法について〟

新入社員の教育のためにマニュアルを渡すというのは、珍しくないことだと思います。

しかし、私は現場でサービスマンを15年以上続けてきましたが、一度もマニュアルに沿ってサービスを行ったことはありません。新卒でリッツ大阪の開業スタッフになり、マニュアルがない職場で社会人生活をスタートさせたため、マニュアルに沿って仕事を覚えるということはなかったからです。

そして、マニュアルを作る立場であるはずの経営者になってからも、マニュアルを作ったことはありません。

しかし、後輩や部下にマニュアルを作らせたことは何度もあります。マニュアルを渡すのではなく作ってもらうことで、新人スタッフに効率よく教育を行うことができたからです。

それでは、私がリッツ在籍中に実践していたマニュアルの使い方と作らせ方のポイントをご紹介させていただきます。

◆マニュアル作成という教育法

私がリッツ在籍中の4年間に仕事を教えた後輩は3桁を超えています。なぜなら、大阪のホテル専門学校の生徒たちが、研修生として、定期的に期間限定でリッツに働きに来ていたからです。そんな短期間で職場を去っていく生徒の教育や面倒を見るのは、当時職場の末端社員であった私の仕事でした。

研究生とはいえ、お客様から見ればリッツで働く以上リッツのスタッフです。リッツのスタッフとして恥ずかしくないように育てなければ、職場だけでなくお客様にも迷惑がかかり、リッツの今後のイメージも損なってしまいます。

しかし、学生は、社会人としての常識やリッツスタッフの心得など、ひと通り教えて仕事ができるようになった頃にはリッツを去ってしまいます。そして、また新しい学生がやってきて、同じことの繰り返しです。そんな中で、上司や先輩にヒントをもらいながら発見した教育法が、「マニュアルを作ってもらう」という方法でした。

新人スタッフにマニュアルを渡して、

「仕事に入るまでに覚えてこい」

と言ったら新人スタッフが、マニュアルを熟読して理解し、さらに内容を暗記して完璧な状態で職場に登場してくれたらどれだけ良いだろう、と思ったことは何度あったか分かりません。

しかし、道具や場所の名前すら分かっていない新人スタッフにそれを要求するのは無理な話です。

ですから、新人スタッフには、ありとあらゆることをメモに取ってもらい、別のノートに「マニュアル」としてまとめてもらうことにしました。

また、新人が3人いれば、3人とも同じ内容でマニュアルを作ってもらいました。

3人には常にコミュニケーションを取らせ、マニュアルに書いてあることは、3人全員ができるようにしておくようにと義務付けたのです。

そして、1日1回は私がそのマニュアルをチェックします。

全体を流れで見るとこうなります。

まず、私が1人の新人に朝食のパンの納品のやり方を教え、マニュアルとしてまとめてもらったとします。

その新人には、残りの2人にパンの納品のやり方を教え、次の日2人がパンの納品を行っても問題なくできるようにしておくようにと指示を出し、内容をメモに取らせます。

そして仮に翌日2人ができなければ、前日に私が教えたスタッフが残りの2人に教えていなかったと見做《みな》し、そのスタッフに注意するのです。

また、彼らの作るマニュアルを見れば、私がまだ何を教えていないのかを見直すことができますし、今後どの順番で教えればよいのかも分かります。

新人スタッフたちも、書くという作業、別のスタッフに教えるという作業を通して効率よく仕事を覚えていきます。

人は、聞いたことよりも言ったことを覚えているそうです。そして、内容を説明するには、しっかりと理解していなければできません。ですから、マニュアルを作らせることと、その知識を共有させることで、しっかりとした理解を促し、また記憶を定着させることができるのです。

◆マニュアル第一主義ではなくお客様第一主義

ただし、注意してほしいことがあります。

新人スタッフたちが頑張って作ったマニュアルではありますが、それに頼り過ぎてはいけないということです。

真面目な新人スタッフは、マニュアルに沿って動こうと努力しがちです。もちろん、それは大切なことなのですが、マニュアルに載っていることがすべてになってしまって、お客様ではなくマニュアルのために働いているような状態になってしまうことが多々あります。

たとえば、お客様が特別な要望をおもちだった時も、マニュアルに照らし合わせて、もしそれがマニュアルに載っていないと、「できません」と断ってしまいます。つまり、臨機応変な対応ができなくなってしまうのです。

そんな調子でお客様よりもマニュアルを大切にしていては、サービス業とは到底いうことができません。マニュアルにない特別な要望を叶えてこそのサービス業であり、サービスのプロフェッショナルなのです。

また、マニュアル漬けになっている職場では、全員いつでも一定のサービスレベルを保つために、マニュアル以上の仕事をさせてもらうことが難しくなってしまいます。

リッツは、リッツのサービスのコンセプトから外れていない限り、一人ひとりが個性的であることが尊重され、たとえ特殊能力が必要で他の従業員には再現できないようなサービスであっても、それを行うことを押さえつけるどころか、背中を押してくれるような会社でした。

会社の作ったマニュアルどおりのサービスをさせる会社のサービススタッフと、自分の個性を出したサービスを後押ししてくれる会社のサービススタッフ、どちらがプライドをもち、心のこもったサービスができるか、明らかではないでしょうか？

◆マニュアルは必要だけれど大切ではない

では、なぜマニュアルは必要なのでしょうか？

もちろん、こちらが教えるのに役立つということもありますが、それ以外にもマニュアルには大切な役割があります。

たとえば、新人スタッフと熟練スタッフがマニュアルに沿ってコーヒーを入れたとしたらどうなると思いますか？

実は同じ豆、同じ量と温度のお湯、同じ抽出方法で、同じコーヒーカップに注いだとしても、新人スタッフと熟練スタッフでは味は変わってしまいます。

しかし、味は異なりますが、マニュアルに沿って作れば新人でも最低限のハードルはクリアした、お客様に提供できるコーヒーを作ることができるのです。

マニュアルはあくまでも最低限度のことです。この最低限度のことができなければ話になりません。しかし、最低限度にとらわれていては、最低限度のサービスしかできなくなってしまうのです。

プロフェッショナルにとって大切なことは、マニュアルどおりにすることではなく、マニュアルの上に、知識、技術、経験、感性などを積み重ねていくこと、そしてその積み上げたものを柔軟に活用し、応用していくことです。

だからこそマニュアルは、必要なものですが、大切なものではないのです。

第4章

リッツ・カールトンを辞めてから分かった「人生で大切なこと」

Things important in life
I have realized and understand since I left The Ritz-Carlton.

1 「自分の道」の見つけ方

〝私がリッツを辞めた理由〟

「自分の存在価値とは？」
「自分は何をしているんだろう？」
「自分はこれから何をすればいいのだろう？」

このように悩むのは、最近は10代の若者だけではなくなってきたように感じます。20代半ばまでの私もそのように悩むことは少なくありませんでした。そして、私はそれが原因でリッツを退社しました。

結果として、リッツを退社したことは正解だったと思っています。なぜなら、先ほどの問いに対する答えを、リッツ退社をきっかけに、もつことができたからです。

リッツに入社して4年目、私は本当に職場や会社に大切にされていると感じていました。どの部署に行っても「お、清水」と声をかけていただき、とても居心地がよい環境でした。リッツはまさに、私の居場所でした。

しかし、ある日「でも、何かが違う」と感じはじめ、そのことについて考える時間が日に日に長くなりました。

そして遂には、「私は大切にされ過ぎている。この環境に甘え過ぎているのではないか？」と考えるようになりました。

私は迷い、以前のようにがむしゃらに前進することができなくなってしまいました。

そんな私を見て、いつも面倒を見てくれていた冨田料飲支配人は言いました。

「お前、腰を壊す前の方がガッツがあったんじゃないか？　昔の清水はどこに行った？」

冨田料飲支配人は、私に期待してくださっていたからこそ、このように叱咤激励してくださったのだと思います。しかし、冨田料飲支配人に叱咤激励を受けた後も、私の気持ちが晴れることはありませんでした。

「オレ、何やってんだろ?」

「自分は何を求めているのだろう?」

「現状に何で満足していないのだろう?」

そんな疑問が、心を捉《とら》えて離しませんでした。

そしてそんなある日のことです。当時フランス帰りの先輩に、

「フレンチレストランやワイン、フランス文化を学びたいならフランスに行けばいいが、世界中のVIPを相手にしてみたいなら、ニューヨークに行け」

と言われ、単純だった私はニューヨーク行きを決意しました。ニューヨークに行って、逆境の中で一からサービスマンをやり直せば、料飲支配人に言われたガッツを取り戻せるような気がしたのです。叱咤激励の結果が退社に繋がるとは、冨田料飲支配人も予想だにしなかったと思います。

◆リッツをますます好きにさせた退社面接

そして遂に、リッツ・カールトン伝統の「退社面接」を迎えることとなりました。

「退社面接」という言葉を聞いたことがある方は、そんなに多くないと思いますが、リッツ・カールトンでは、退社する従業員は必ず人事部長と話をする機会をもうけなければなりません。

人事部長の橋本さんとは日頃から顔を合わせ、よく声も掛けていただいていたので、いまさら何を話したらいいのか分からない、というのが正直な気持ちでした。

人事部のオフィスに行くと、複雑な顔をした橋本さんに、

「清水、リッツを辞めてどうするの？」

と尋ねられ、それから、開業当時の思い出話をひと通りしました。その後、橋本さんは本題について話しはじめました。

「もう、会社を去るのだから、最後くらい包み隠さずに言いたいことを言ってくれ。今の会社にダメだと思うところや不満があるの？　今後の会社環境を向上させるために参考にさせてほしい」

まるで私がリッツに文句があるような言いように、驚いた私はこう言いました。

「リッツに不満なんてないですよ。僕はリッツを愛しています。なぜならリッツが僕を愛してくれたから、僕もリッツを愛することができました」

もちろん、用意していたのではなく、無意識のうちに出てしまった言葉です。

人が人生、仕事などを向上させようとすれば、苦言を呈《てい》してくれる人が必要です。

また、その苦言を謙虚に受け入れる器をもっていなければならないと思います。

私は、退社面接で話を聞かせてほしいと言われた時、リッツはその器をもった会社だと思いました。

そして最後に橋本さんはこう言いました。

「別の会社で働いてみて、やっぱりリッツに帰ってきたいと思ったら遠慮なく電話してくれ。君1人の職場を確保することぐらいするから」

こんな温かい場所を、私は去ったのです。

実は、私自身気付いていなかったのですが、この頃から「経営者になる」という気持ちが動きはじめていました。

しかし、なぜか「経営者になる」という気持ちが、自分の中にあることに気付くことができませんでした。独立して店を構えるのは料理人であって、サービスマンではない、という考え方が根本にあったからかもしれません。

サービスマンをやめる気はないまま、しかし将来が明確に見えないままに、ただひたすら「行動しなければ」という衝動に駆られ、いてもたってもいられませんでした。まるで、暗闇の中を手探りで、探しものの正体も分からぬままに歩き回っているような感じでした。

でも、その結果、私は「ダイニングバーの経営者」という小さな光を見つけることができました。リッツにいた頃には、想像もしていなかった光。もし、私が立ち止まっていたら、見つける事のできなかった小さな光。

そして、小さな光を大きく輝かせるために努力しました。

ダイニングバーの経営者になるため自分を磨き、経営者としての自分を作りあげていき夢が叶いました。

もし、今あなたが自分の道を見失っているならば、どうかそこで立ち止まらず、とにかく歩き続けてみてください。きっとあなただけの光が見つかるはずです。

そして、小さな光を見つけることができたのであれば、大きな光になるように磨いてください。大きな光を作ってください。

自分探しも大切ですが、自分磨き、自分作りは、自分探しよりも大変で大切です。

2 成功からも失敗からも、学ぶものは同等である

〝開業と廃業、リッツの上司と再就職先の詐欺師上司両方の経験、学びから見えてきたもの〟

世の中の良し悪しは、その両方を知らなければ判断できないと思います。なぜなら、良し悪しの判断基準、つまり何が良くて何が悪いのかを測る物差しが自分の中になければ、それらを決めることはできないからです。

私は滋賀の田舎で育ったため、リッツに勤めるまで民宿や旅館に宿泊したことはあっても、ホテルには宿泊したことも、食事に行ったことさえありませんでした。そのため、リッツが私にとってのホテルであり、ホテルの良し悪しを判断する基準もリッツしかありませんでした。

しかし、「ホテル」と一言でいっても、世の中にはたくさんのホテルがあり、各自

のコンセプト、ミッションをもって頑張っているのですから、世の中のトップ５％の人々を満足させることを目標にしているリッツと比べてあだこうだ言っても意味がないのです。つまり、当時の私の判断基準はまだまだ未熟だったのです。

そして、リッツ退職後、私は様々な経験を積んできました。派遣で何件かのホテルにも勤め、そして地元に戻ってからは、飲食店に勤め、そのお店の廃業にも立ち会いました。飲食店のコンサルタントをしていたこともあります。それらの経験の中で、私の判断基準は磨かれていきました。

リッツでも、その他の場所でも、素晴らしい人たちと出会いましたし、人の道に外れた行動を取る人たちとも出会い、同じ職場で働いたこともあります。そして、そのどちらの経験からも多くのことを学ばせていただきました。

◆小さな飲食店の廃業での経験

地元に戻り、とある飲食店を立て直すために働いていた時のことです。

私が店で働き出したことで業績は上がりはじめ、３カ月後には売上を２・５倍にすることができました。その後も繁盛し続け、「いつも満席の店」として地元で認知されるほどまでになりました。

しかし、その数カ月後、この店は崩壊することになりました。

この店の社長は、飲食業やサービス業の経験はなく、他にもいくつものビジネスを所有するビジネスオーナーであったため、レストランの立ち上げから運営まで、店のプロデューサーであったAさんに委託していました。そのAさんが、レストランが繁盛しはじめたことをきっかけに、店のお金を使い込みはじめたのです。

社長は、何かおかしいと思っていたようですが、決定的な証拠は見つけられずにいるようでした。そのため、レストランにやってきてはスタッフたちを疑いの眼差しで見るようになってしまいました。

「業者と組んで値段などをごまかし、差額を自分の懐に入れているのではないか」と従業員を疑っていたようで、いきなり数人のスタッフにグラスの値段を確認しはじめたり、食材やドリンクの原価についてしつこく確認したりもしていました。

もちろん、こんな対応をされて、働いている私たちスタッフは気分がいいものではありません。そこで、料理長がそのことを伝えたところ、社長は、悪事のすべてはA

さんのしわざだと断定したようで、Aさんを解雇しました。

それで社長は安心したようでしたが、実は、どさくさに紛れてもう1人、Bさんも売上からお金を抜いていたため、結局辻褄《つじつま》があいません。社長は再びスタッフ全員を疑うようになってしまいました。

そんなことが続いたため、働いているスタッフにも影響が出始め、「こんな会社で働けるか！」と職場放棄する正社員が現われ、スタッフ同士の人間関係もおかしくなり、そして1カ月もしないうちに、繁盛していたこの店は閉店しました。

その間、私は会社と上司たちのやり取りを冷静に見ていました。しかし、この2人の悪事が表に出ることはなく、Aさんは解雇、Bさんは閉店する寸前まで在籍していました。

◆全く違う現場で学んだからこそ見えてきたこと

「華やかな一流ホテルでの開業の経験」と「小さな飲食店での廃業の経験」。

どちらの経験も私が仕事をしていく上で、大切なことを実践的に教えてくれました。

良いところばかり見ていては、その本当の良さは分かりません。また、どんな経験でも、無駄になることはないのです。
私が両者から学んだことはたくさんありますが、簡単にまとめるとしたら次のようになるのではないかと思います。

〈リッツで学んだこと〉
どうやって、一流ホテルになったのか？
どうやって、一流ホテルのブランドを維持していくのか？
どうやって、優良企業になったのか？
なぜ、優秀な人材が集まるのか？
なぜ、新卒社員が、優秀なホテルマンに成長していくのか？

〈廃業を経験して学んだこと〉
なぜ、人は人を信じることができなくなり、支離滅裂な発言をするようになるのか？
なぜ、会社、店からスタッフが離れてしまうのか？

なぜ、スタッフ同士が信じあえなくなってしまうのか？
なぜ、お金が回らなくなってしまうのか？
なぜ、負の循環に陥《おちい》ってしまうのか？

これらのことは、どちらか片方だけにしか触れていなければ、どちらも真に理解することはできなかったと思います。

◆物差しは壊すことでさらに大きく再構築できる

リッツに内定が決まった20歳。滋賀から大阪に出ていく際に身近な人に言われた言葉、

「人を信じるな！　信じられるのは自分だけだと思え！」

この言葉の意味がリッツ大阪で働いている時にはよく分からなかったのですが、滋賀に帰ってきて、本当によく分かりました。リッツを退職したあとに起きた出来事は、私の判断基準である物差しを破壊するような経験ばかりでした。

しかし、私はこのような経験を積むことができて良かったと思っています。なぜなら、壊れた物差しをさらに大きく再構築することで、それまで見ることができなかった景色が見えるようになったからです。

だから、私は自分自身の判断基準、物差しを作っては壊し、経験、年齢ごとに新陳代謝していくべきだと考えています。

そして各々の判断基準や物差しを作っていくには、様々な人、会社、仕事、人生観を見るだけでは不十分です。時には、自分自身が構築してきた価値観、人生観をも壊すくらいの経験をしてみてください。その経験を受け入れ、柔軟性をもち、再構築することができれば、一回り大きな人間になることができると思います。

3

高過ぎるプライドは成長を妨げる

〝情報、アイデア、アドバイスの集まりやすい管理者と、そうではない管理者の違い〟

私は今まで、大勢の方々と接してきて感じていることがあります。それは、情報、アイデア、アドバイスの集まりやすい人と、そうではない人の違いの1つに、プライドのもち方があるということです。仕事の結果も、プライドのもち方次第で変わってしまうのです。

そして、それは「プライドをもって仕事に取り組めば上手くいく」というような簡単な話ではありません。

それでは、どのようなプライドのもち方が仕事において適切なのか、お話しさせていただきたいと思います。

◆提案を否定と捉えていては情報は集まらない

私は24歳の時、開業から4年間働いたリッツ・カールトンを退社しました。

中にいるときはそこまで感じる機会はなかったのですが、リッツを退社し、派遣で他のホテルや飲食店で働くようになってはじめて、リッツ・カールトンはすごい場所だったのだと実感しました。リッツを目標に掲げているホテルがとてもたくさんあったのです。

ホテル業の派遣は、日雇い形式の「臨時」と、長期間にわたり固定シフトにも組込まれる「常備」があり、臨時の場合、毎日違う現場に派遣されることも少なくありません。

私の履歴書には当然リッツのことが書いてあったため、臨時で派遣されたホテルの先々で注目の的となることがありました。

派遣先の管理者の方が私に、

「当ホテルはリッツを目指しています」

と言い、「我々のホテルではこんなことやあんなことをやっている」という話をしてくださることもよくありました。

ただ、みなさん、自分の話を聞いてほしいだけなのか、リッツに関する質問をしてくださることはほとんどありませんでした。各々の想像のリッツを目標にされているだけなのです。

「何かリッツについて聞きたいことはありますか？」

何度か私から尋ねたこともありましたが、明確な質問をいただいたことはほとんどありませんでした。

常備勤務をした職場でも、職場の管理者の方々が、

「いろいろ教えてくれよ」

「間違っていたら『違う』と言ってもらってもいいんだ」

とおっしゃるので、気付いたことを提案させていただきました。すると、

「ここはリッツじゃない。私たちも今まで何年もホテル業をやってきたんだ」

と言われてしまいました。

リッツでは、スタッフが思いついたアイデアは、即提案し、実行するのが当然であったため、この反応に私は驚きました。そして同時に、提案といえども現状の否定と

とられ、相手のプライドを傷つけてしまうことにはじめて気付きました。

私は新卒でリッツ・カールトンの開業に立ち会い、20代前半ではリッツ以外の企業の管理者の方々と接する機会も沢山得ることができました。その経験から感じるのは、特に管理者やリーダーの方はこのように、周りからの意見を素直に受け入れられない方が少なくないということです。

様々な苦難を乗り越えてこられ、自分なりの確固たる考えをおもちなのだとは思います。

しかし、時には柔軟に、自分より経験の少ない若者の意見であっても取り入れていくことが、より良い結果に繋がるということはないでしょうか？

◆成し遂げたいことがあるならば謙虚であるべき

私は、地元の飲食店でしばらく働いた後、親友が経営していた明治時代の蔵を改装した居酒屋で働くことになりました。そして、紆《う》余《よ》曲《きょく》折《せつ》を経てその店を譲り受け、今から11年前に、ランチ営業はなく、ドリンクのみの利用も可能なダイニングバー「バスティアン」をオープンさせたのです。

バスティアンではオープン以来、樽生ビールはベルギーの白ビール、ヒューガルデンホワイトを採用してきました。東京ではじめて飲んだこのビールの味が忘れられず、その時の衝撃を地元彦根の方たちにも味わってもらいたかったからです。

当時、滋賀県ではこのビールを飲むことができるのは当店だけでした。実は、当店より前に扱っていたお店も３軒ほどあったそうなのですが、どこも半年以内に撤退してしまったそうです。

ビール会社の営業の方いわく、コストがかかること、また、なかなかお客様にビールとして認知してもらえないことが普及しない大きな原因になっているとのことでした。

私自身も、このビールを導入するのには非常に苦労しました。ビールの注ぎ方も日本のそれとは異なるため、東京で飲んだときの衝撃が、どうしても自分では再現できなかったのです。

悩んだ末に私は、大阪にあるベルギービールの先駆者とされていたビール専門店、ドルフィンズの本店に行ってみることにしました。

一口飲んで感動しました。私が注ぐヒューガルデンとはまるで別物なのです。

すかさず私はお店のスタッフに言いました。

「実は私、滋賀で飲食店を経営していまして、生のヒューガルデンを扱っているのですが、こんなに美味しくビールを注ぐことができません。教えていただけませんか?」

当時24歳と20歳のスタッフ二人に、29歳の経営者が頭を下げてお願いしました。

お二人とも快く、包み隠さず教えてくださいました。設備の問題やビールの管理のしかたなど、些細なことまで丁寧に。しかも初対面の私にカウンター内まで見せてくださったのです。

彼らがそこまで親身になって接してくれたのは、私が年下の彼らに頭を下げて教えを乞うことを恥と思わず、むしろ尊敬の気持ちをもってお願いしたからだと思います。

今までお会いした方の中には、素直に他人に教えを乞うことができない人たちがたくさんいました。「人に頭を下げてまで、教えてもらうなんてプライドが許さない」と考えていらっしゃるのです。

しかし、本当に成し遂げたい目標があるのなら、プライドは、謙虚さと共になければばなりません。アイデアが集まりにくくなり、非効率になってしまうからです。

そして、この文章を読んで、「自分は謙虚だから関係ない」と思われた方にこそ、私はもう一度、謙虚さについて考えてみてほしいと思っています。

人そのものに謙虚なのではなく、人の地位や肩書きに謙虚になっているだけの人を、何人も見てきたからです。

4 上には上がいると信じて上を目指す

〝現状に満足することは、
柔軟でスピード感のある変化の妨げとなる〟

「こだわり」

最近、このような言葉を聞くことが多いように思います。特に男性は、「こだわり」というものをもっている方がかっこいいというイメージがあるように感じます。

私がリッツの開業スタッフだったこともあってか、「リッツのこだわり」について質問を受けることがよくあります。

しかし、リッツ時代を振り返ってみて思うことは、リッツ在籍中には「こだわり」という言葉は使ったことがないということです。私自身だけではなく、先輩も後輩も使っていませんでした。

むしろ、リッツ退社後の方が、「こだわり」という言葉を耳にするようになり、考えさせられる機会が増えたくらいです。

「こだわり」はリッツにとってどんな存在だったのか、リッツ時代を振り返り、改めて考えているうちに見えてきたことをお話ししたいと思います。

◆「こだわり」を口にするのがはばかられるわけ

バスティアンに来店されたお客様の中に、時折、

「こだわりのある良いお店ですね」

と言っていただくことがあります。そんな時、私は店を褒めていただいたと受け止めて、

「ありがとうございます」

とお返事しています。

しかし、お客様から、

「このお店のこだわりは何ですか？」

と問われたら、

「特にありません」

と答えさせていただいています。

というのも、私は上には上がいると考えているからです。

たとえば、お客様がバスティアンのワイングラス（オーストリアの高級ワイングラスメーカー、リーデル社ヴィノムシリーズ）を、

「こだわりのワイングラスですね」

と褒めてくださったとします。

お客様に褒めていただいたことは嬉しいのですが、私はヴィノムシリーズよりも良質なワイングラスを知っています。そして、その自分の知っている最高のものを扱うことができていない状況で、「こだわっている」とは言いたくないのです。

しかし、今より上のランクのものを手にしてしまうと、さらに上を探してしまい、際限がありません。ですから、簡単に上のものに手を出すことはできません。

それでも、現状に満足しきらずに、いつかは上のランクのものを扱いたいという気持ちをもっています。だからこそ、いつまでも「これがこだわりです」と言うことは

できないのです。

また、私がお客様に、

「これが当店のこだわりです」

と言ってお出ししたものより良い物を、お客様が知っていることもあるはずです。

その時、お客様はきっと、

「こだわってこの程度なんて、上には上があることを知らないのでは」

と思われるのではないでしょうか。

実際、トップ５％の所得者層をターゲットにしているリッツ・カールトンのお客様は、本当に良いホテル、ドリンク、フード、サービスを経験されたことのある方ばかりで、若かった私は逆に教えていただくことも多かったように思います。

当時の私が「こだわりです」と言って、当時のリッツの常連のお客様に提供すれば、

「清水君、まだまだ若いね。もっと良い物を知らないと」

と言われていたことでしょう。

ですから、やはり「こだわり」と口にするのは憚《はば》かられるのです。

◆こだわって固執するのではなく、良いと思ったものを何でも取り入れる

はじめの方にもお話ししたとおり、リッツ・カールトンは「こだわり」に執着するということが本当にありませんでした。その例をご紹介したいと思います。

リッツでは、お客様が来館されると、玄関のドアをくぐった先でお出迎えするベルマンが、初対面にもかかわらずお客様のお名前を呼んでご挨拶をします。

もちろんお客様はお喜びになりますが、反面、なぜ自分の名前を知っているのかと不思議に思い、リッツミスティークとして記憶に強く残ることになります。

タネを明かしてしまえば簡単なことで、実は、イヤホンと小型マイクにつながれた無線を身に付けたドアマンが、お客様をお出迎えする際に荷物のタグを見てお名前を確認したり、ご予約のお名前をお客様に確認し、無線を使ってホテル館内のベルマンに名前を伝えているのです。

このシステムがあるおかげで、ベルマンは、お客様をタイミング良くお出迎えすることができます。

このシステムの提案者であり導入者は、当時まだ20代前半だった宿泊部の先輩、増

澤さんでした。

それまでも決まったお出迎えのスタイルはありましたが、その方法では、ホテルに宿泊されるお客様は、ホテルの玄関でベルマンに一度、そしてフロントで一度、つまり二度名前を伝える必要がありました。

その作業を一連の流れにして、もっとスマートにお客様をお迎えしたい、と考え出したアイデアが、このイヤホンと小型マイクをつないだ無線だったそうです。

増澤さんいわく、

「あのシステムを提案してから、導入するまですごいスピードだったよ。『それいいね』となったら、『早速、導入は任せたから、すべてやってくれ』と上司に言われて、とにかくみんなが後押ししてくれたんだ」

増澤さんは早速無線のサンプルを取り寄せ、総支配人に無線を使ったお出迎えのメリットをプレゼンしたところ、即本採用に至ったそうです。

今では、リッツ・カールトンのウォーム・ウエルカムになくてはならない大切なシステムとなり、リッツ大阪だけでなく、全世界のリッツで用いられているそうです。

何かに対して頑固であったり、堅物になっていたのでは、このような柔軟で、スピード感がある変化を起こすことはできません。

リッツでは、お客様から「こだわっていますね」と言われると、

「リッツのスタンダード（普通、当たり前）ですから」

と返答していました。

特別な「こだわり」に縛られずに、お客様のためならどんなものでも取り入れ、それを「当たり前」にしてしまう、それこそがリッツ・カールトンなのです。

5

「NO」という言葉を使いましょう！

〝あなたのミッション（使命）に耳を傾ける時です〟

タイトルを見て、

「これまで言ってきたこととは正反対では？」

「リッツのNOを使わないサービスを勉強したいのに」

と思われた方もいらっしゃると思います。正直、数多く出版されているリッツの本で「NOを使いましょう」なんて書いているのは私くらいでしょう。

この考えは、私がリッツを退職してから悩みはじめ、オーナーになっても悩みぬいた末に辿りついたものであって、普遍的な答えではありません。ですが、本書を読んでいただいている方の考え方のヒントになればと思い紹介させていただきます。

◆ミッションを遂行するために「NO」と言うべきときがある

リッツにはリッツの夢がありミッションがあるように、私には私の夢があり、ミッションがあります。そして、みなさんもそれぞれの夢・ミッションをおもちだと思います。

夢を叶えたいならば、各々のミッションに耳を傾け、夢を叶えるための手段を模索しなければなりません。

たとえばフレンチの料理人の夢が「オーナーシェフになる」ことであれば、ミッションは「美味しいフランス料理を作る」こと、そのための手段は、修行をしたり、美味しい物を食べに行き舌を肥やすなど、いろいろあるでしょう。

しかし、夢に向かって一直線に突き進むのはなかなか難しいことです。様々な誘惑や障害があなたの前に立ちはだかります。

お客様や周囲の人たちの要望・意見を、どこまで受け入れ、あるいは受け入れないのか判断しなければならない時もあるでしょう。

特に経営者のように責任ある立場の方は判断する物差しが必要になります。

リッツ在籍中、私は地中海レストランに勤務していましたが、チャーハンをオーダーされれば中華料理レストランの厨房へ取りに行き、熱燗をオーダーされれば和食レストランへ行き、ラウンジ勤務の時に石焼ビビンバを提供したこともあります。ルームサービスでオーダーされたコロッケをデパートの地下に買いに行ったこともあります。

リッツならホテル館内のどこかに取りに走るか、休憩中のホテルスタッフを探し、買い物に行ってきてもらうこともできます。他部署のスタッフでも快く協力してくれます。

しかし、個人店のフレンチレストランだとしたらどうでしょう？

リッツの「ＮＯを使わないサービス」（Ｐ16参照）を個人店で行ったとします。

食事提供前にチャーハンを頼まれたら、

「リゾットでしたらご用意できますが、いかがですか？（リゾットは俗にイタリアンと考えられていますが、フレンチでも作ります）」

どうしてもチャーハンがいいと言われたら、

「近くに美味しい中華料理のレストランがございますのでご紹介いたしましょうか？」

フルコース半ばで頼まれたら、

「近くに美味しい中華レストランがございますのでご紹介します。次回は、そちらに行かれてはいかがでしょうか？」

それでは、もし「ここで食べたい」と言われたら？

「それでは、次回、チャーハンをご提供できるように御用意しておきます」

と次回用意することを約束するのがリッツの「NOを言わないサービス」です。

しかし、いちいちお客様の要望に応えて、チャーハン、石焼ビビンバ、コロッケ……とメニューを増やしていったら、一体何のお店なのか分からなくなってしまいます。

実際、何がしたいのか分からない飲食店は少なくありません。フレンチレストランのメニューに天ぷらの盛り合わせが載っていたり、看板に「味自慢、カレー、うどん、蕎麦」、その横に旗が立ち「珈琲はじめました」と書いてある飲食店を、私は何軒も知っています。

すべて、お客様がフレンチに来て、

「天ぷらが食べたい」

蕎麦屋さんで、

「蕎麦の最後は珈琲が欲しい」

と言い、ハイハイとその要望に応えた結果です。

お店が「天ぷらを食べさせたい」「美味しい珈琲を提供したい」と思って出しているのなら問題はありません。

しかし、大抵のフレンチレストランは、フランス料理を食べてもらいたいのです。

そして中華料理レストランは、中華料理を食べてもらいたいのです。

当たり前です。そのために料理人たちは修行してきたのですから。就職後の人牛の大半の時間を修行に費やしてプロフェッショナルになったのですから。

◆ミッションを明確にすれば「NO」と言う基準がわかる

地中海料理のレストランで熱燗、漬物を出すリッツ・カールトンとチャーハンの要望を断る町場のフレンチレストランの違いは、会社の規模の大きさだけではありません。ミッションの違いです。

リッツ創業者ホルスト・シュルツ氏の夢は、「最高のラグジュアリーホテルを創ること」であり、リッツをお客様の様々なニーズに対応でき、最高の施設を提供できるホテルに育てることが彼のミッションでした。

バスティアンのオーナーサービスマンである私の夢は、「地元にホスピタリティのある人生と紳士淑女というアイデンティティー、ワイン、フランス料理を広げる」ことです。

そのため、私のミッションは、「ワイン、フランス料理、そしてサービスを売りにできるお店を経営し続けること」。ですから、バスティアンでチャーハンを要望されたお客様は何人かおられましたが、すべてお断りしました。

「できないのではなく、やりません」

お客様の要望が、店の業態やコンセプトに沿った要望なら、店はその要望に応える努力をすべきだと思います。

しかし、要望が店のコンセプト、ミッションから外れていたら、「ＮＯ」と言わなければなりません。夢を叶えるためには、本当に大切な活動に集中しなければいけないからです。

リッツのミッションから生まれるサービスと、バスティアンのミッションから生まれるサービスは違っていて当然です。ですから私は、私のミッションに沿ってサービスを提供し、ミッションから外れた要望に対しては「ＮＯ」を使っています。

「夢は何なのか」

「そのために何を切り離すのか？」

一度、紙に書いてみることをオススメします。

そうすると、ＮＯを使う基準が見えてきます。

ミッションと提供するサービスの基準を明確にもつことが大切なのです。

6

叱られること、叱ること

〝叱られたり、苦しんだりする時は、
自分自身が向上している時〟

私がリッツ在籍時に先輩から教えていただいた一番印象に残る教訓は、「すべて肯定する。否定的な考え方をしない」という、実にリッツスタッフらしい教訓でした。

リッツ大阪がオープンした1年目、私は失敗続きで上司、先輩から毎日何度も叱られていました。

ホテルでの仕事を続けていく自信もなくして落ち込んでいる時、他部署の先輩だった今福さんが私の悩みを聞いてくださり、悩んでいる私に向かって笑いながら、「それでいいんだよ。皆そうやって仕事を覚えていく、そんな良い環境で叱ってくれる人たちに感謝しなきゃダメだぜ」

とおっしゃいました。私は、鳩が豆鉄砲をくったような顔をして話を聞いていたのではないかと思います。

「失敗して、叱られて、叩かれなくては、強い社会人に育たないよ。叱られている間は、叱ってくれている先輩たちから、まだ可能性があると思われているけど、叱られなくなった時ってのは、諦められた時で、一番ダメな時だ」

と私が悩んでいることすべてを肯定してくださいました。

おかげで私は、「叱られることに悩んでる場合じゃない。やらなければならないことをやるしかない。誰もが経験することから逃げるなんて嫌だ」と考えることができるようになりました。

今では同じ教訓を部下、後輩だけでなく、バスティアンのカウンターに来る悩める若者にも伝えています。

今、困難や苦しみが私に降りかかっても、

「何か意味があって降りかかっている。必ず乗り越えられるはず」

と考えられるようになれたのは、今福さんのおかげです。

また、この教訓を話してくださったタイミングも凄くよかったと思います。

今福さんは、病気の時に適切な診断と処方で病を治す医師のように、病んでいた私の心に苦くとも、よく効く薬を処方してくださったのです。

◆叱ることは、叱られること以上に難しい

そして、経営者になり、人を指導する立場になって思うことは、人を叱ること、育てていくことは「叱られる」以上に大変で気苦労が多いということです。

後輩、部下に対して言いにくいことや、伝わりにくいことなど、誰しもが一度は頭を抱えたことがあるのではないでしょうか？

特に中小企業など、組織的な教育の仕組みがない環境では誰が指導していくかということが問題になります。

たとえば、ある日、経営者と新入社員が2人で食事に行きました。

もちろん、食事代は経営者が支払います。食事が終わって、会計時、経営者に向かって新入社員が、

「ありがとうございました。ご馳走さまでした」

とお礼をします。そして、その翌日の朝、顔を合わせた際に、

「おはようございます。昨日は、ありがとうございました」

と、再度お礼を言う、これは社会人として当然の流れです。

問題は、このことを経営者自ら新入社員に教えなければならないということです。

「俺が食事をご馳走したら、会計が済んだ時に御礼を言いなさい。そして、翌日、出勤してきたら挨拶する時にもう一度、『昨夜は、ご馳走さまでした。ありがとうございます』と言いなさい。それが社会人だ」

しかし、そんなこと、雇用している従業員に対して言うのは何か違うと私は思うのです。

◆誰が叱るべきなのか

では、この教育は本来誰がする仕事でしょうか？

もし、経営者、先輩、後輩の最低3人がいるならば、先輩が教育すべきことです。

私も上司とのアフターファイブの礼儀や業界の流儀は、先輩方から教えていただきました。

「上司の飲み物、食べ物の好みを覚えて、飲食店につくやいなや席につく前に注文する。目上の方々のグラスが空になる前に、お代わりを注文する。頬杖《ほおづえ》を突いて話を聞いてはいけない。話を聞く時、手は膝の上。吸殻3本で灰皿交換。

ホテルやレストランに行った際は、自分はリッツの大使だと自覚したうえの身の振る舞いをすること、たとえばクーポンを持っていくことは相手（行ったホテル、レストラン）の仕事を安くあげる行為になるし、ましてや公共の場などで、他のホテルやレストランの酷評、取引先の内部事情を喋るなど言語道断。

もし先輩、上司の知り合いのホテルやレストランにはじめて行くのであれば、先輩、上司の顔を立てるため、スーツ姿で菓子折りを持って行き、しっかり挨拶する。

ホテルのサービスマンたるものそのくらい無意識にできなくては話にならない」

当時の先輩に教えていただいたことです。

◆叱らないこと、叱られないことが全体のマイナスとなる

同じ社内の上司部下、先輩後輩であれば多少の失敗があっても怒られるだけで済みますが、接待時にただ黙って出された料理を食べて、先方に気を使うことなく、

「接待、早く終わらないかな」

と思っている部下、後輩がその場にいたら、先輩や上司はハラハラしてしまいます。そして、そんな態度を先方が見抜いて気を悪くすれば、契約がダメになってしまうこともあるでしょう。そんな事態にならないためにも、先輩は後輩をきっちりと指導しなければなりません。

ガミガミ叱って後輩に嫌われたくない、面倒な先輩と思われたくない、と思うこともあるでしょう。

しかし、その後輩が何も注意されないままで、自分でも気付くことができずに社会人としてふさわしくない行動を取り続けてしまっていたら、不幸になるのは後輩自身だけではありません。先の例のように会社全体の問題に発展することだってありえるのです。

後輩がこういった社会人としてのマナーや流儀を実践できていないようならば、上司も先輩を叱るべきです。直接、後輩を叱るべきではありません。

後輩に「社会人の常識」「礼儀」などを教えるのは先輩の仕事の内ですから、後輩ができていないときは先輩が仕事をしていないと見做すべきなのです。アフターファイブだけに限らず、後輩の教育は先輩の仕事で、できなければ先輩の責任です。

◆雇い主は新入社員を教育する責任がある

また、もし「先輩」のポジションとなる人物がいないとしても、少人数の零細企業、個人事業主の方々は、私の経験上、横の繋がり（同業者や経営者同士の繋がり）をおもちだと思います。

以前は、地域で子供を育てたように、地域で社会人を育てる仕組みを考えてみては、いかがでしょうか?

私は、地元の同業者の店で、お互いの店の従業員同士を交換実習して、社会人を育てたことがあります。他店の従業員だとしても、叱らなければならない時は叱りますし、オーナーシェフの店の従業員に私がサービスを教えたり、私の店の従業員が、そのオーナーシェフの元で、料理研修させていただいたりしています。

私はリッツのような大企業でも、町場の個人の飲食店でも働かせていただいたお陰で、双方の強み弱みを学ぶことができたと思います。

しかし、共通するところは、社会人としての常識や人付き合いなどは、どこで働こうが、何をしようが、新入社員のうちにしっかりと学ぶべきだということです。年を取ってしまっては教育も指摘もしてもらえません。

新入社員にとって、社会人の常識を身に付ける期間は、これから30年、40年続く社会人人生の基本になる大切な時間です。

雇い主は、新入社員の人生の一部を借りている以上、従業員の人生にも責任をもつべきです。時には言いにくいことも言わなければなりませんし、伝えるための努力もするべきです。

それらのことを見て見ぬふりをして、新入社員を社会人として教育できない雇い主が人を雇うことは、罪だと思います。

おわりに

最後までお読みいただき、まことにありがとうございます。

実は、私は人と接することが苦手でした。

しかし、そんな人見知りの私が20歳の時に選択したのは、ホテルに就職すること。そして私の人生は、リッツに内定をいただいた時から大きく変化していきました。

意識はしていなかったのですが、自分の人生の向上のためには何を克服し、そのために何をしなければならないのかということを、心の底では分かっていたのかもしれません。

リッツで多くの人と出会い、学び、今では私が人見知りだったと言っても、周りの人は誰も信じてくれないくらい、人と接する仕事を楽しいと感じています。

リッツのおかげで一サービスマン清水という自分の存在を作り上げ、独立することができました。

当時のリッツスタッフの皆様、本当にありがとうございました。

また、私が個人事業主になれたのは、バスティアンの家主である渡辺さん、私に事業計画書を一から教えて開業の手引きをしてくれた大親友、私と共に店を育ててくれたスタッフたち、開業前に色々と相談に乗っていただき、バスティアンのお客様第号にもなってくださった故林田《はやしだ》正光《まさみつ》元リッツ・カールトン営業統括支配人、そして、私の家族、いつも私を信じて背中を押してくれる妻の容子さんのおかげです。ただただ、ありがとう。

いつも私を支えてくださる多くの方々、ここで一人ひとりのお名前を記することはできませんが、いずれ改めてご挨拶させていただきたいと思います。

今回、出版というチャンスを下さった彩図社様、心から感謝しています。

そして読者の皆様にも改めて御礼申し上げます。

私は、いつでもバスティアンにいます。本書の感想、お気付きになった点などありましたら気軽にご意見いただけると幸いです。

本書を通じて多くの人と共に年を重ねられる人生になりますように。

２０１３年４月　清水　健一郎

文庫版おわりに

ご購読いただいた皆さま、誠にありがとうございました。

出版させていただいて3年が経ち、今度は文庫化していただきました。

その3年の間に個人事業主の方から大企業の方々、サービス業にとどまらず製造業に従事されておられる方々まで、講演やセミナーなどのご依頼をいただけたおかげで、私は多くの方とのご縁を育む事ができました。

そして、セミナーや講演に参加していただいた方々の要望がきっかけで、クレド導入マニュアルの製作、ネット配信でコラムを書かせていただくこともでき、皆様に良い反響をいただいております。

クレド導入マニュアルは、失敗しないクレド導入メソッドとして、個人事業主の方から、有名大企業の方々、サービス業にとどまらず製造業に従事されておられる方々などに好評をいただいております。

失敗しないクレド導入方法があれば、無料から極低予算でお客様、従業員、地域から愛される会社・お店に変わることができます。

また、クレドは、リッツやジョンソンエンドジョンソンの影響で、大企業のものだと思われがちですが、私のように、小規模なスタッフ10人以下の職場からでも使えるのが、クレド成功テクニックです。

もし、私の作製したクレド導入マニュアルを要望される方、クレドやサービスのコラムを読んでみたいとお考えの方は、左のＵＲＬからどうぞ。

本書でもご紹介した、クレド成功に大切なラインナップのこともお教えします。

http://business-study.com/click/b12/

今後もサービス業の方々にとどまらず製造業の方々にも喜んでいただけるヒントを本書、講演、マニュアルを通じてご提供し続けていければ、これほど嬉しい事はございません。この様に私の活躍の場を増やしていただいたことに、ただただ感謝しかございません。彩図社様、心よりお礼申し上げます。

これからも、多くの人と共に年を重ねられる人生でありますように。

【著者略歴】

清水 健一郎（しみず・けんいちろう）

1976年、滋賀県米原市生まれ。

1997年4月、日本第一号のリッツ・カールトン大阪の開業スタッフとして新卒入社。

2001年4月、リッツ・カールトン退社後、彦根の町場の小規模飲食店で働きだし、リッツで学んだノウハウを生かし店の立て直しに成功。その後、数店舗の立て直しに成功する。その間、培った人脈から独立するチャンスが巡り、2005年10月、オーナーサービスマンとしてダイニングバー バスティアン　クントラーリを開業。現在に至る。

バスティアン　クントラーリ HP
http://bastiancuntrari.chicappa.jp/

社会人として大切なことはすべて
リッツ・カールトンで学んだ

平成29年4月5日第一刷

著　者　清水健一郎
発行人　山田有司
発行所　〒170-0005
株式会社　彩図社
東京都豊島区南大塚3-24-4
MTビル
TEL：03-5985-8213　FAX：03-5985-8224

印刷所　新灯印刷株式会社
URL　http://www.saiz.co.jp　https://twitter.com/saiz_sha

ISBN978-4-8013-0215-0 C0134

この作品は平成25年6月に当社より刊行された『社会人として大切なことはすべてリッツ・カールトンで学んだ』を文庫化したものです。